웃음과 지혜가 넘치는 사랑의 교실

불교학 개론 강의실 2
교리편

장휘옥 강의

이 책 간행에 즈음하여

"처음으로 불도를 구하려고 마음을 낸다고 하는 것은 우리들의 아득한 과거세로부터 지금까지 이어져 온 불성(佛性), 즉 부처가 될 종자(가능성)가 어떠한 인연에 의해 표면에 나타남으로써 처음으로 자기의 내면에 부처님의 목소리가 들렸다는 것을 의미한다."

언젠가 쓴 원고 '부처가 될 씨앗' 중의 한 문장이다. 이 문장을 쓰면서 그때 나는 내면에서 솟아오르는 흥분으로 벅찬 감동을 느꼈었다. 아득한 태고의 원시 시대부터 이어져 온 부처가 될 종자가 지금 부처님의 목소리가 되어 나의 내면에서 들려오는 것 같은데 어찌 흥분하지 않을 수 있겠는가.

물론 이런 감동은 불교를 접하기 시작했을 때부터 느낀 것은 아니다. 불교가 뭔지도 잘 모르면서 불교학 연구에 뛰어든 지 어언 20년, 불교의 미신적인 요소를 완전히 배제하고 참다운 불교이론에 확신을 가지게 된 후부터다. 불교를 연구하다 보면, 문득문득 부처님의 미소가 뭔지 알 것도 같은 생각이 들 때가 있다. 그럴 땐 내 마음 전체가 부처님의 미소로 가득 차는 것 같고, 벙긋벙긋 웃는 것 같다.

이런 감동을 불교를 알고 싶어하는 사람들에게 전해 주고 함께 나누고 싶었지만, 불교를 좀 안다고 하는 사람들은 미신적이고 기복적(祈福的)인 불교를 선호하고, 불교를 모르는 사람들은 어렵다는 선입관을 가지고 있어 별 호응을 얻을 수 없었다. 이에 기획한 것이 불교학 개론 시리즈다.

그 첫번째가 92년 10월에 출판된 『불교학 개론 강의실 1』(『불교학 개론 강의실 J301』)이다. 우리 나라 불교는 인도에서 중국을 거쳐 전래되면서 중국적 변용과 함께 한국 토착신앙과의 습합으로 미신적 요소가 많이 가미되었다. 때문에 불교 본래의 면목을 찾아보기가 힘들 정도다. 이 책은 불교에 대한 잘못된 선입관을 바로잡고, 불교가 결코 어려운 것이 아니라는 것을 전달할 목적으로 쓴 불교입문서이다.

두 번째가 이 책 『불교학 개론 강의실 2』이다. 여기서는 앞의 『불교학 개론 강의실 1』을 충분히 이해했다는 전제하에서 차원을 높여 불교의 전문 교리만을 다루었다. 그래서 부제로 '교리편'이라 붙였다.

불교는 크게 ①인도에서 발생하여 13세기 이슬람교가 인도를 침략하기 전까지 인도 내에서 전개·발전한 인도불교, ②스리랑카 등 남방으로 전파된 남방불교, ③중앙아시아를 거쳐 중국·한국·일본 등으로 전파된 북방불교의 3가지로 나눌 수 있다. 이 제2권에서는 인도불교만을 취급하였으며, 남방불교와 북방불교에 대해서는 다음에 따로 서술할 예정이다.

이 책의 구성은 모두 4장으로 되어 있다.

제1장 '불교의 특성'에서는, 불교가 다른 종교와는 달리 신비적·과학적·철학적인 요소를 많이 내포하고 있지만, 신비주의·과학·철학과는 다르다는 점을 규명함으로써 불교의 특성을 밝혔다.

불교는 석가모니가 독창적으로 만들어 낸 것이 아니라, 당시 인도의 모든 사상과 학설 및 수행법을 검토·비판하고 시정하여 나온 결과이다. 그러므로 제2장 '고대 인도의 철학사상과 종교'에서는 불교사상의 성립 배경을 알기 위해, 고대 인도의 철학과 종교에 대해 간략히 서술하였다.

제3장 '불교의 성립과 발달'에서는, 먼저 석가모니의 생애에 대해 기술하고, 이후 불교사상의 전개 과정에 따라 '원시불교 시대' '아비달마불교 시대' '대승불교 시대'로 구분하여 각 시대별 변천 과정을 사상사적 입장에서 서술하였다.

제4장 '불교교리·교단 발달사', 여기서는 불교교리 가운데 키포인트가 되는 단어들을 골라 그 전개·발달 과정을 서술함으로써 불교사상이 시대의 변천에 따라 어떻게 변모해 갔는가를 알 수 있게 했다.

이 제2권은 앞서 출판된 『불교학 개론 강의실 1』처럼 소설같이 쉽게 술술 읽을 수 있는 책이 아니다. 인도불교의 깊고 심오한 사상이 이 한 권의 책에 응축되어 있기 때문에 초보자가 읽기에는 힘든 부분들이 많이 있을 것이다. 그러나 이 한 권만 잘 이해하면 앞으로 불교공부는 쉽고 재미있어질 것이므로, 이해가 되지 않는 부분은 줄을 그어 가면서 처음부터 끝까지 천천히 음미하면서 끈기를 가지고 2번만 읽기를 바란다. 그러면 뭔가 감이 오는 것을 느끼게 될 것이다. 이때 다시 한번 더 읽고 나면 불교교리에 흥미가 생기고 자신감을 얻게 될 것이다.

불교는 매우 현실적이고 이성적인 종교다. 현실적이기 때문에 한정된 이 생을 결코 헛되게 살아서는 안 된다는 생각을 갖게 하고, 이성적이기 때문에 무리한 욕망으로 인해 자신을 괴롭히지 않을 것을 가르친다. 이 책을 통해 불교를 올바로 이해할 수 있는 기초를 마련할 수 있다면 더 이상 바랄 것이 없다.

이 책이 나오기까지 야간 작업도 불사한 도서출판 장승의 편집부 여러분들께 깊은 감사를 드리며, 이 책 출판을 허락해 주신 김병무 사장님께도 심심한 사의를 표한다.

1994년 1월
저자 장휘옥

□차례□

이 책 간행에 즈음하여 • 3

제1장 불교의 특성 ·· 13
  1. 종교의 개념 ·· 15
  2. 불교는 신비주의와는 다르다 ······················· 18
  3. 과학과 불교 ·· 19
  4. 철학과 불교 ·· 22

제2장 고대 인도의 철학사상과 종교 ······················ 25
  ## 제1절 고대 인도의 철학사상 ······························ 28
    1. 고대 인도사의 시대구분 ···························· 28
    2. 리그베다 시대 ·· 30
    3. 아타르바·브라흐마나 시대 ······················· 31
    4. 우파니샤드 시대 ······································· 32
  ## 제2절 자유사상가의 출현과 육사외도 ················ 35
    1. 자유사상가의 출현 ···································· 35
    2. 육사외도의 사상 ······································· 36
  ## 제3절 자이나교 ·· 39
    1. 기본교리 ··· 39
    2. 불살생계와 무소유 ···································· 41

제3장 불교의 성립과 발달 ……………………………… 45
제1절 석가모니의 생애 ………………………………… 47
1. 탄생·출가·성도 ……………………………………… 47
2. 초전법륜과 교화활동 ………………………………… 48
3. 만년의 비극적 두 사건과 입멸 ……………………… 51
4. 석가모니의 전기가 주는 교훈 ……………………… 53
5. 다비와 불탑신앙 ……………………………………… 54
6. 석가모니의 입멸연대(佛紀의 확정) ………………… 56
제2절 경전의 성립 ………………………………………… 58
1. 삼장의 성립 …………………………………………… 58
2. 대장경의 종류 ………………………………………… 62
   1)팔리어대장경 ……………………………………… 62
   2)티벳대장경 ………………………………………… 64
   3)한역대장경 ………………………………………… 65
제3절 원시불교 …………………………………………… 68
1. 원시불교란 …………………………………………… 68
2. 원시불교의 자료 ……………………………………… 69
   1)아함경의 초기형태 ………………………………… 71
   2)4아함과 5니카야 …………………………………… 73
3. 원시불교의 교리 ……………………………………… 74

□ 차례 □

    1) 석가모니의 기본적 입장 ·· 74
        대기설법 74 / 현실중시 75 / 형이상학의 지양 80 /
        독화살의 비유 84 / 석가모니의 주의주장 86
    2) 원시불교의 기본교리 ·· 89
        제행무상 89 / 일체개고 91 / 제법무아 94 /
        열반적정 95 / 사성제 97 / 팔정도 97 / 십이연기 98 /
        오온 100 / 십이처·십팔계 102 / 중도 103

제4절 아비달마불교 ·· 105
  1. 교단의 분열 ··· 105
  2. 아비달마불교의 자료 ··· 107
  3. 아비달마불교의 사상 ― 유부의 교리 ······························ 111
    1) 법의 해석 ·· 112
    2) 오위 칠십오법 ··· 113
    3) 삼세실유 ·· 116
    4) 업감연기 ·· 117
    5) 오온상속설 ··· 118
    6) 열반관 ·· 119
  4. 아비달마불교의 남방전파 ― 남방불교 ···························· 120

제5절 대승불교 ……………………………………… 122
  1. 대승불교운동 ………………………………………… 122
  2. 대승불교의 전개와 발달 …………………………… 125
    1) 중관·유식파의 역사적 전개 ………………………… 125
    2) 밀교의 등장 …………………………………………… 127
  3. 대승불교의 국외 전파 - 북전(北傳)불교 ………… 128
  4. 대승경전 ……………………………………………… 129
    1) 초기 대승경전 ………………………………………… 131
       반야경 131 / 화엄경 132 / 정토경전류 133 / 법화경 134
    2) 중기 대승경전 ………………………………………… 135
       여래장 계통 135 / 유식 계통 135
    3) 후기 대승경전 ………………………………………… 136
  5. 대승불교의 철학사상 ……………………………… 137
    1) 중관파 ………………………………………………… 137
       초기중관파 137 / 중기중관파 140 / 후기중관파 142
    2) 유가행파·유식설 …………………………………… 144
       유식관계 자료 145 / 아뢰야식 148 / 말나식 150 /
       전6식 151 / 삼성설과 삼무성설 153 / 유가행파의 분열 155
    3) 여래장사상 …………………………………………… 157
       여래장의 정의 157 / 여래사상의 발달 160

□ 차례 □

제4장 불교교리 · 교단 발달사 ······ 165
제1절 불교 기본교리의 발달사 ······ 167
1. 연기사상의 발달과 전개 ······ 167
원시불교의 연기설 168 / 아비달마불교의 연기설 170 /
대승불교의 연기설 174
2. 공사상의 성립과 발달 ······ 176
원시 · 아비달마불교의 공사상 176 / 대승불교의 공사상 178
3. 윤회사상의 변천 ······ 183
윤회설의 성립 183 / 불교 외 여러 학파의 윤회설 185 /
불교의 윤회설 186
4. 업사상의 전개와 발달 ······ 191
불교 이외의 업설 192 / 불교의 업설 193 /
업의 종류 194 / 업과 연기 197
5. 해탈사상의 변천 ······ 199
원시불교의 해탈관 200 / 아비달마불교의 해탈관 201 /
대승불교의 해탈관 204
6. 열반사상의 변천 ······ 206
아비달마불교의 열반관 208 / 대승불교의 열반관 209
7. 불신론(佛身論) ······ 212
불타관의 형성과 전개 212 / 이신 · 삼신설 214 / 밀교의 화신설 216

8. 수행론 ………………………………………………… 217
　　불교 외 여러 학파의 수행론 218 / 원시·아비달마불교의
　　수행론 219 / 대승불교의 수행론 224
제2절 교단의 성립과 발달 ………………………………… **228**
　1. 교단의 성립 ………………………………………… 228
　2. 계율의 준수와 벌칙 ……………………………… 230
　　교단생활 232
　3. 대승불교의 계율 …………………………………… 235

참고문헌 • 238
찾아보기 • 240

제1장

불교의 특성

□일러두기□

1. 원어의 표기는, 산스크리트 어와 팔리 어 2가지가 있을 경우, 번거로움을 피하기 위해 2가지 중 우리에게 익숙하다고 생각되는 한 가지만 제시하였다.

2. 불교용어의 표기에 있어서, '五位 七十五法'과 같이 숫자를 포함한 용어(法數)는 불교의 고유명사이므로 '5위 75법'이라 쓰지 않고 '오위 칠십오법'이라 표기하였다.

3. 인명이나 지명의 표기는, 원시불교 시대까지는 석가모니 재세(在世) 시절과 관련된 것이 많으므로 원어 그대로 표기하는 것을 원칙으로 했다. 원어 표기를 먼저 하고 괄호 속에 한자 말을 제시하였다.〈예 ; 아난다(阿難), 라자그리하(王舍城) 등〉

부파불교 이후부터는 우리에게 익숙한 한자로 번역한 인명이나 지명을 사용하는 것을 원칙으로 했다. 원어는 괄호 속에 제시하였다.〈예 ; 세친(世親, Vasuvandhu)〉

종래, 서양의 불교학자들 가운데는 불교를 잘못 이해하고 있는 사람들이 종종 있었다. 그들의 비판적인 견해를 정리해 보면 대체로 다음과 같이 요약할 수 있다.

(1) 불교는 무신론(無神論)이기 때문에 종교라기보다는 오히려 윤리·도덕으로서의 가르침이며, 일종의 신비주의와 같다.

(2) 원시불교의 교리는 매우 합리적이므로 불교는 과학과 합치되는 종교다.

(3) 대승불교의 교리는 복잡한 이론을 가진 철학이다.

위의 내용은 불교의 일면만을 보고 평가한 것이긴 하지만 완전히 잘못된 것이라고는 할 수 없다. 그러면 불교가 이렇게 이해되는 이유는 어디에 있는가?

이 이유를 밝히는 것이 곧 불교가 타종교와 다른 점을 밝히는 것이 되며, 이것은 역으로 불교의 특성을 드러내는 것이 되기도 한다. 그러므로 여기서는 이 점을 명확히 밝히기 위해 먼저 종교의 개념에 대해 설명하고, 이어 불교가 신비주의 혹은 과학적, 철학적이라 불리는 이유에 대해 살펴보기로 하자.

1. 종교의 개념

불교는 현재 세계 4대 종교의 하나로서 널리 신앙되고 있다. 그러나 불교는 기독교나 이슬람교 등을 종교라 부르는 경우와는 여러 가지 점에서 그 의미를 달리한다.

종교(宗敎)라는 단어는 한자에서 비롯된 말이다. '종' 혹은 '교'

라는 한자는 중국의 남북조 시대 말기부터 수·당대에 걸쳐 불교 학자들이 경전의 내용을 명(名)·체(體)·종(宗)·용(用)·교(敎)의 5개로 분류하여 요약할 때 사용한 말로서, 후에는 '종'과 '교'를 합쳐서 '종교'라는 단어를 쓰게 되었다고 한다.

그러므로 '종교'라고 하면 원래는 불교를 말하는 것으로서, 불교의 요점을 설하는 교리가 즉 '종교'였다. 따라서 종교라고 하는 말 자체는 본래 불교에서 생겨난 것이므로 불교를 종교라고 하는 것은 당연하다.

그런데 일본 메이지(明治) 시대에 서양의 '릴리전(religion)'이 일본에 전해지자 그들은 이것을 '종교'라 번역하여 썼으며, 그 후 이 말은 우리나라에도 전해져, 종교라고 하면 본래의 의미보다는 으레 '릴리전' 쪽으로 사용하게 되었다.

바로 여기에 문제가 있다. 왜냐하면 일반적으로 불교를 종교라 할 경우, 불교는 '릴리전'이라는 의미로 생각되기 쉬우며, 그렇게 되면 여러 가지 문제점이 생기기 때문이다.

'릴리전'의 어원에 관해서는 여러 가지 설이 있지만, 현재 가장 유력시되고 있는 기독교 신학자 라크탄티우스(Caecilus Firmianus Lactantius, A. D. 3~4세기)의 설에 의하면, '릴리전'은 신과 인간의 재결합, 혹은 적어도 인간이 신과 관계가 있다고 하는 의미로 해석되고 있다.

그러나 불교를 신과 인간과의 결합이라든가 내왕의 의미로 해석하는 것은 매우 경솔한 처사로 불교의 근본정신을 왜곡시키는 것이 된다.

왜냐하면 불교에서는 사물이든 인간의 마음이든 모든 것은 본래 '무상' '무아'라고 간주하므로 거기에 어떠한 실체성도 인정하지 않는다. 그러므로 불교에서는, 이것을 실제로 있는 듯이 생각하는 것은 진리에 대한 무지, 즉 무명(無明) 때문이라 하여, 이와 같이 잘못된 사유가 성립하게 된 사정이나 그 결과를 철저히 규명하여 모든 것이 어떠한 실체성도 가지지 않는다는 것을 깨닫게 하는 지혜가 필요하다고 설하였다.

이 지혜를 반야(般若)라 부르며, 불교는 이 반야를 완성하는 것을 최고 목적으로 삼고 있다. 이러한 이유에서 불교가 인류를 초월한 인격신(人格神)의 신앙과 근본적으로 성격을 달리하는 것은 당연하다.

그러나 석가모니의 인격과 사상이 너무 위대했기 때문에 석가모니의 입멸 후에는 그를 이상화시켜 초인화하였다. 대승불교의 발달과 함께 부처에 대한 사고방식도 달라져 삼신(三身)·사신(四身)·십신(十身) 등과 같은 여러 가지 불신관(佛身觀)이 대두됨으로써 인격신이라고 생각할 수 있는 사상이나 신앙이 성립하게 되었다.

그러나 인간은 자신의 존재를 똑바로 관찰하여 거기서 무아(無我)의 진리를 깨닫는다면 누구라도 부처가 될 수 있다고 하는 것이 불교의 기본정신이다. 때문에 불교에는 인격신의 신앙에서 보이는 것과 같은 신과 인간 사이에 영원히 넘을 수 없는 단절된 사상은 발견할 수 없다.

이상과 같은 이유에서 불교를 기독교나 이슬람교와 같은 의미로서 '릴리전'이라 생각하는 것은 타당하지 못하다.

2. 불교는 신비주의와는 다르다

위에서 설명한 바와 같이, 서구의 많은 종교학자들은 종교를 신과 인간과의 결합이라는 기독교적인 개념으로 해석했기 때문에 인격신의 사상을 중심으로 하지 않는 불교가 과연 종교일까 하는 의문을 가지게 되었다. 그리하여 어떤 학자들은 불교의 무신론적인 성격은 불교가 종교가 아니라 신비주의(mysticism)에 지나지 않는다는 것을 입증하는 증거가 되는 것이라고 단정하였다.

불교가 그들의 종교개념과 성격을 달리하고 있다는 점에 대해서는 이미 위에서 설명했으므로, 여기서는 불교가 신비주의와는 다르다는 것을 밝혀 보기로 하자.

불교의 교리 가운데 신비주의와 가장 비슷한 성격을 지닌 것은 선(禪)이다. 선종(禪宗)에서는 경전뿐만 아니라 불교의 모든 교리까지도 버리고, 오직 자신의 내면에 침잠하여 견성(見性)할 것을 요구한다.

견성이란 자신이 본래 가지고 있는 부처가 될 수 있는 성품(佛性)을 깨달아, 자기가 본래 부처라는 것을 증명하는 것인데, 견성이 성취되면 자기가 곧 부처, 부처가 곧 자기라는 일종의 망아적(忘我的)인 심리상태에 도달하게 된다. 이 점에서 보면 서구의 신비주의와 여러 가지 면에서 유사하기 때문에 선이 불교의 신비주의를 대표하는 것이라고 하는 견해가 나올 수 있다.

신비주의란 본래 신과 인간과의 차별을 없애고 신이나 절대자를 직접 경험할 수 있는 특수한 심리경험을 말한다. 그러나 신비주의와 선(禪)은 결코 같은 것일 수 없다.

신비주의는 신이나 절대자를 직접 경험한다고 하더라도 그것은 오로지 개인적인 견신(見神)이나 망아(忘我)의 체험으로 시종일관하는 것이지, 반드시 궁극적인 새로운 지혜를 획득하여 세계관이나 인생관에 일대 전환을 일으키고, 더구나 적극적으로 사회정화를 위해 행동한다고 하는 것은 없기 때문이다.

물론 선(禪)도 인간이 본래 가지고 있는 부처가 될 품성을 깨달아 모든 분별을 없애고, 주관과 객관이 분화되기 이전의 상태라고 하는 정신의 근원으로 되돌아가 자기가 본래 부처라는 것을 깨닫기 때문에 신비주의와 상당히 유사하다.

그러나 선은 신비주의는 되어도 결코 단지 신비주의로 끝나는 것은 아니다. 그것은 선이라 하더라도 단순히 선정(禪定)으로 끝나는 것이 아니라, 계율을 중시하여 반드시 반야(최고의 지혜)를 계발하는 데 그 목적이 있기 때문이다.

그러므로 선의 체험에는 다분히 신비주의적 성격이 내포되어 있지만, 그 내면의 깊은 곳에는 반드시 법(法), 즉 진리에 대한 깨달음이 있어야 한다. 이 깨달음은 반야라고 하는 청정한 예지에 의해 얻어지는 것이므로, 깨달음의 내용은 단지 견신(見神)이라고 하는 엑스터시의 체험과는 다르다.

이것은 고통의 근원을 제거하는 방법, 특히 최상의 진리에 대한 비밀을 깨달을 수 있는 지적(智的)인 성질을 가지며, 더구나 단지 명상이나 관조를 넘어 사회적 실천으로까지 나아가야 한다.

3. 과학과 불교

원시불교를 연구한 서구인들 가운데는 원시경전에는 사성제(四

聖諦)설과 같이 극히 합리적인 학설이 많으며, 이것들은 과학과 입장을 같이하는 것이기 때문에 불교는 과학과 일치한다고 주장하는 학자도 있다. 이 주장이 반드시 틀리다고만은 할 수 없다.

왜냐하면 불교는 법, 즉 진리를 설하는 지혜의 종교이기 때문에 거기에는 인과관계 등 합리적인 교설이 많이 포함되어 있으므로 과학적인 것만은 사실이다. 그러나 불교가 다른 종교와 달리 과학적이라 해서 과학과 합치된다고 보는 것에는 무리가 있다.

과학은 모든 현상 가운데서 순수한 현상작용만을 관찰하는 것이다. 그러나 불교의 진리 가운데는 현상작용만이 아니라, 고통과 쾌락, 어리석음과 깨달음 등의 가치가 포함되어 있으며, 그러한 가치는 체험의 유무나 깊이에 따라 각각 달리 인식·판단되는 것이다.

예를 들면, 불교를 전혀 모르는 범부에게는 이 세상은 무상하고 고통으로 가득 찬 생사윤회의 세계이기 때문에 이곳에서 벗어나야만 한다고 설한다. 그러나 깨달음을 얻은 자에게는 이 세상은 생사윤회를 벗어난 안락한 열반의 세계가 되어, 생사를 싫어하지도 않고 열반을 원하지도 않으며, 생사와 열반을 하나로 보아 스스로 고통의 세상으로 나가 중생의 고뇌를 구제하는 입장이 설해져 있다.

이와 같이 과학에서는 주관을 고정시켜서 추상적인 사실만을 보기 때문에 같은 사물은 누가 보아도 항상 같은 것으로밖에 보이지 않지만, 불교의 신앙체험의 입장에서는 주관에 차이가 있기 때문에 같은 사물이라도 보는 사람에 따라 각각 달리 보이는 것이다. 여기에 불교와 과학의 근본적인 차이가 있다.

결국 과학의 입장은 고정된 주관에 의해 추상화된 개념을 취급하는 것이기 때문에 그 추리나 판단은 삼단논법 등의 형식논리에 의해 정확하게 얻어지지만, 불교의 입장은 관찰하는 주관적 차원이나 그것에 의한 판단·인식이 각각 다르기 때문에 형식논리로 취급할 수 있는 것이 아니다.

경전에 나오는 석가모니의 설법이나 선문답 등은 상대의 지혜나 능력에 맞게 설한 것이기 때문에 같은 것을 이렇게도 설하고 저렇게도 설한다. 이러한 불교경전의 교설이나 선문답 등에 대해 서양의 학자들이 불합리하다고 하는 것은 주관을 고정시킨 서양인들의 과학적인 머리로 판단하기 때문이다. 주관을 자유로이 바꾸어 생각하는 체험적인 동양인의 눈으로 보면 이것은 결코 불합리한 것이 아니며, 오히려 현상을 더욱 구체적으로 실제 그대로 전하고 있다고 할 수 있을 것이다.

또한 과학이 나 이외의 모든 것을 아는 지식을 본질로 삼는 것에 반해, 불교는 내 자신을 아는 지혜를 본질로 삼는다고 하는 것에 차이가 있다.

물론 과학에서도 자기의 몸은 물론 마음까지도 대상으로 삼기는 하지만, 그러나 그것은 객관적 사물에 대한 인식이나 탐구의 방법으로서 자기를 객관화시켜 아는 것이다. 이에 대해 불교도 객관적 사물을 인식하고 탐구하는 것은 마찬가지지만, 그러나 그것은 어디까지나 자기를 알기 위한 방법인 것이다.

여기서 자기를 안다고 하는 것은 추리나 논리 등에 의해 아는 것도 아니고, 또한 자기의 한계능력을 자각하는 것도 아니다. 그것은 어떠한 분별도 보태지 않고 있는 그대로의 자기 마음을 아는 것, 즉 객관적 사물을 인식하고 탐구하는 자기자신을 있는 그대로 안다고 하는 것이다. 다시 말하면 자타의 구별을 탈각하여 보편적이고 영원한 지혜 그 자체가 되는 것을 말한다.

그러므로 불교는 지혜의 종교라고 하더라도 어떠한 지식을 본질로 삼는 것이 아니라 있는 그대로의 삶(生) 그 자체를 말하는 것이다. 이 점에서 불교는 본질적으로 실천적이라고 말할 수 있을 것이다. 불교 즉 실천, 반야 즉 행위로서 실천 그 자체를 떠나서는 불교도 반야도 있을 수 없다는 것이다.

불교에서 사물을 본다고 하는 것은 이와 같이 지혜에 의해 보는 것, 다시 말하면 그 사물에 즉한 지혜가 살아가는 것에 지나지 않는 것이다. 그러므로 불교에서는 이 지혜의 근본적인 특수성을 표현하기 위해 이 지혜를 무분별지(無分別智)·무차별평등지(無差別平等智)·절대지(絶對智)라 부른다.

이상에 의해 과학에서 말하는 지(智) 즉 지식과 불교에서의 지혜와는 전혀 성질을 달리하며, 또한 그 존립영역도 전혀 다르다는 것을 알 수 있다. 과학은 예리한 분석이나 종합에 의해 사물의 진상을 파악하여 이것을 법칙화하고 체계화하여 현실의 삶을 이롭게 하는 것이지만, 불교는 언제 어디서나 영원하고 진실된 삶을 있는 그대로 살아가고자 하는 것이다.

4. 철학과 불교

지혜의 가르침인 동시에 실천의 도(道)라고 하는 불교의 특수성은 철학에 대해서도 그대로 적용된다. 그러나 서양철학자들 가운데는 불교를 철학이라 보는 사람도 있다.

불교의 가르침은 당시 인도의 모든 철학사상이나 수행법을 철저히 비판하고 검토하여 올바른 도리와 실천으로 수정·보완하여 만들어진 것이기 때문에 다른 종교와는 달리 철학적 이론을 지니고 있는 것은 사실이다.
 그러므로 불교는 그 출발점부터 신앙의 실천 기초로서 철학이론을 설하고 있으며, 더구나 대승불교에서는 심원하고도 정밀한 여러 가지 이론과 학설을 전개하여 인도철학 전체에서도 최고의 철학이라 할 수 있을 정도로 방대하고 복잡한 이론을 성립하였다. 이런 점에서 보면 불교는 분명히 철학이라 할 수 있을 것이다.
 그러나 철학, 특히 서양철학은 과학이나 예술 등 모든 문화현상의 기초적 진리로서 사유에 의해 존재를 파악하는 학문이지만, 불교는 무엇보다도 구제나 해탈의 목적을 실현시키기 위한 가르침으로서 체험에 의해 수행하고 증득함을 본질로 삼는 학문이다.
 이렇게 말한다고 해서 불교의 철학성을 부정한다는 의미는 아니다. 불교는 앞에서도 말한 바와 같이, 지혜의 종교로서 심원한 철학적 이론을 포함하고 있으며, 훌륭한 사상발달의 역사를 지니고 있다.
 철학은 예술과 마찬가지로 결국은 자기의 표현이며, 어떤 의미에서는 감각의 문제라고도 할 수 있다. 철학에서 말하는 것은 반드시 사람이 보는 것에 한정되어 있으며, 표현방법도 또한 보는 내용에 상응해서 필연적인 형식을 취한다.
 그러므로 서양의 철학은 사유에 의해 기본진리를 얻으려고 하는 것이기 때문에 특히 논리의 치밀함과 사색의 예리함을 중시하지만, 불교의 철학은 먼저 수행에 의해 증득한 후에 행한다고 하는 특수한 진리를 깨우쳐 알게 하는 것이기 때문에 오히려 보는 사람의 지혜와 경험을 중시한다. 이 점에서 불교의 철학은 서양의 철학과 그 철학적 태도 및 방법을 근본적으로 달리하는 것이라 말할 수 있다.

그러나 여기서 잊어서는 안 되는 것은 불교철학의 심오함과 엄밀함은 불교의 특수성을 떠나지 않는 한에서만이 긍정된다는 것이다. 앞에서 지혜의 의미가 나타내는 바와 같이, 불교란 본래 아는 것(철학)과 행하는 것(실천)이 하나이다. 수행하여 증득하는 것이 곧 지혜이고, 이 지혜는 수행에 의해 얻어지는 것이다.

다시 말하면, 불교의 철학은 실천과 관련하여 이해될 때만이 그 이론의 정당함과 사고방식의 엄밀함, 표현의 치밀함이 긍정된다는 것이다. 결국 불교는 실천을 떠나지 않는 철학이며, 철두철미하게 증득하는 철학인 것이다.

불교를 일반적인 진리의 입장에서 체계화하려고 할 경우에는 다르지만, 불교를 있는 그대로 이해하고 있는 그대로 체계화하려고 할 경우에는 이 점을 간과해서는 안 될 것이다.

제 2 장

고대 인도의 철학사상과 종교

제1절 고대 인도의 철학사상
제2절 자유사상가의 출현과 육사외도
제3절 자이나교

인도는 예로부터 종교의 나라, 철학의 나라, 시(詩)의 나라라고 불릴 만큼 다양한 사상들이 발생하고 전개되어 왔으며, 여러 민족의 활동무대가 되어 수많은 민족문화가 번영하였다. 세계적인 서정시인 타골이 태어나고, 대사상가이며 정치가인 간디가 태어났으며, 세계 4대 문명의 발상지인 인더스문명이 발달한 곳도 바로 인도이다.

고도의 도시문명을 발달시킨 인더스문명 시대에 어떠한 정신문화가 번창하고 있었는가는 아직 확실히 밝혀지지 않고 있다. 그러나 지금까지 발견된 출토품에 의하면, 인더스문명은 모신(母神)숭배・동물숭배・수신(樹神)숭배 등 소박한 애니미즘의 자연숭배가 행해지고 있었으며, 요가의 수행이나 목욕도 행해졌을 가능성이 있다고 추정되고 있다. 이러한 풍습은 고대 인도 초기의 베다종교에는 나타나지 않지만 후세의 힌두교 가운데서는 발견되고 있다.

이 인더스문명이 종식을 고할 즈음, 즉 기원전 13세기 말경에 조상이 서양인과 같은 유목민인 아리아 인이 인도 북서부의 판잡(五河) 지방을 수차례에 걸쳐 침입하여 드디어 흑갈색 피부의 선주민을 정복하고 정착하였다. 이들을 인도-아리아 인이라 부른다.

인도-아리아 인들은 이 새로운 국토에 거주하여 찬가집(讚歌集) 『리그베다』에 그들의 신화를 노래하면서 바라문의 종교인 베다종교를 성립시켜 갔다. 이것이 인도사상사의 개막이다.

제1절 고대 인도의 철학사상

1. 고대 인도사의 시대구분

　인도에서는 철학과 종교가 불가분리의 관계에 있었기 때문에 철학은 소위 종교적 목적인 해탈을 달성하기 위한 수단이었다.
　그러므로 개개인의 독자적인 철학보다는 전통을 이어받은 다수의 철학자들에 의한 철학체계 내지는 학파가 발달하였으며, 내면적이고 반성적인 경향이 강했기 때문에 현실세계를 고통이라 간주하여 그 자각을 출발점으로 철학적 사색과 종교적 실천에 의해 고통스러운 윤회의 세계를 벗어나 해탈의 경지를 얻으려고 하는 성격을 가지고 있었다.
　이러한 시공을 초월한 인도적 사유는 결과적으로 정확한 연대를 기록한 사료를 거의 남기지 않았으며, 따라서 인도사상은 개막 이래 지금까지 3000여 년에 걸친 유구한 역사를 가지고 있음에도 불구하고 학계에서는 시대구분의 정설을 갖지 못하고 있는 실정이다. 일반적으로 통용되고 있는 시대구분에 따라 그 대략을 살펴보면 다음과 같다.
　일반적으로 인도고대사는 2기로 나눈다. 제1기는 철학적 사유를 형성한 기원전 1200년에서 기원후 120년까지를 말하고, 제2기는 철학체계의 확립과 전개 시대라고 할 수 있는 120년부터 600년까지를 말한다. 불교 성립의 시대적 배경이 되는 제1기의 변천과정을 개략적으로 설명하면 다음과 같다.

인도철학의 근원은 기원전 1200년경에 편찬된, 인도에서 가장 오래된 문헌인 『리그베다』에서 찾아볼 수 있다. '베다'란 지식, 특히 종교적 지식을 의미하였는데, 그 의미가 점차로 변하여 후에는 지식을 수록하고 있는 성전을 가리키는 말로 사용하게 되었다.

그 후 대체로 기원전 500년경까지는 바라문교의 근본성전인 베다성전이 성립되어 인도사상의 기초가 확립되었다.

그러나 기원전 500년경부터 사회적 대변동이 일어나 기원후 120년에 이르기까지 대체로 600여 년 간은 반베다적인 자유사상, 특히 불교나 자이나교 등이 종교와 사상계의 주류가 되었다.

더구나 기원전 4세기에 마우리아 왕조가 전 인도를 통일하고, 아쇼카 왕이 불교에 귀의하게 되자 불교는 인도의 전 지역으로 퍼지게 되었으며, 다시 남아시아 여러 나라로 전파되었다. 한편 베다문명의 붕괴로 토착 민간신앙을 흡수한 바라문교는 힌두교로서 일반민중들 사이에 서서히 유행되기 시작하였다.

힌두교의 형성에 대응하듯, 불교에서도 기원전 1세기경부터 대승불교운동이 일어나 그전까지의 보수적인 불교를 멸시하여 소승불교라 부르고, 반야경전 등 방대한 대승경전들을 편찬했다. 그러나 이 제1기는 철학적 사색은 활발했지만 아직 철학적 체계를 세우지는 못했던 시기이다.

여기서 바라문교란 힌두교 속에 포함되는 것이지만, 불교흥기 이전에 베다성전을 근거로 하여 바라문계급을 중심으로 발달한 종교를 후세의 힌두교와 구별하기 위해 일반적으로 바라문교라 부르는 것이다.

지금 설명한 내용을 간략히 표로 요약해 보면 다음과 같다.

1. 고대 제1기(B. C. 1200~A. D. 120)
  B. C. 1200~B. C. 1000 ; 리그베다 시대
  B. C. 1000~B. C. 800 ; 아타르바·브라흐마나 시대 ┐ 베다의 종교와 사상
  B. C. 800~B. C. 500 ; 우파니샤드 시대   ┘ (정통바라문 사상)
  B. C. 500~A. D. 120 ; 자유사상가의 배출 ─ 베다·반베다적 입장의 대립
                        (불교, 자이나교 등) (정통·비정통바라문사상)
2. 고대 제2기(A. D. 120~A. D. 600)

위의 표에 보이는 '리그베다' '아타르바' '브라흐마나' '우파니샤드'는 모두 성전의 이름이다. 이것에 의해 알 수 있듯이 인도의 경우는 왕조에 의해 시대를 구분하는 것이 아니라 성전 내용의 분류에 따라 시대를 구분하고 있다. 이것으로도 인도사상이 얼마나 철학적인가 하는 것을 알 수 있을 것이다.

2. 리그베다 시대

기원전 1200년에서 기원전 1000년까지의 리그베다 시대는 인도-아리아 인들이 그들의 진로를 개척한 시대로서, 처음에는 태양이나 불·나무 등 자연현상을 신으로 숭배하는 다신교였다.
그러나 다신교에 만족하지 못한 베다의 시인들은 이윽고 신들까지도 초월하는 유일한 최고신, 혹은 근원적인 유일절대의 근본원리를 추구하게 되었으며, 이러한 최고신이나 근본원리의 추구는

우주창조를 설명하려는 우주개벽론의 발달을 가져옴으로써, 일신교 혹은 일원적 사상을 싹트게 하였다.

그들의 창조설 중 진보적인 설 하나를 들어 보면, 우주의 창조는 처음에 중성적 원리인 '유(有)'도 '비유(非有)'도 아닌 '유일한 것'이 있어, 이 '유일한 것'과 '물(水)'에서 사고(思考)→의욕(意欲)→열의 힘(熱力)→현상계의 순서로 전개되었다고 보고 있다.

여기서 주목할 것은 신들의 존재도 우주 전개의 일부로 보고, 우주 전개가 끝난 후에 출현되었다고 생각하는 것이다. 이것은 그전까지의 인격적 창조신에 대해 일단 고려는 하면서도 그것을 비판하여 새로운 중성적 원리를 주장하고 있는 것이다.

인간의 기원에 대해서는 특별한 기록은 없지만, 마누(manu) 혹은 마누스가 인간의 시조로 등장하고 있다. 마누는 최초의 제사자(祭祀者)로서 생자(生者)와 관계가 있으며, 그의 형제인 야마(閻魔天)는 사자(死者)와 관계가 있다.

인간의 육체는 죽음과 함께 없어지지만 그 영혼은 불멸이라 믿고 있었으며, 사후에 육체를 떠난 영혼은 불의 신 아그니의 날개나 바람신의 바람을 타고 야마 왕국에 도달해 그곳에서 다시 완전한 신체를 얻는다고 생각했다.

3. 아타르바 · 브라흐마나 시대

기원전 1000년에서 기원전 800년까지의 아타르바 · 브라흐마나 시대는 인도-아리아 인들이 판잡 지방에서 갠지스 강 상류로 진출하여 정착생활로 들어감에 따라 소위 바라문교가 확립됨으로써,

바라문 중심의 사회제도, 즉 사성계급의 구별이나 종교적 의례가 확립된 시대이다.

사성계급이란 잘 아는 바와 같이, 고대 인도의 4가지 신분계급인 카스트제도로서 성직자계급인 브라흐마나(Brāhmaṇa, 婆羅門), 왕족이나 무사계급인 크샤트리야(Kṣatriya, 刹帝利), 평민계급인 바이샤(Vaiśya, 毘舍, 吠舍), 노예계급인 수드라(Śūdra, 首陀羅)를 말한다. 바라문 사회에서는 이 사성(四姓)을 신이 정해 준 것이라 하여 생활방식이나 의무도 각각 달리하였다. 기원전 7세기경에는 사성 외에 불가촉민(不可觸民)으로서 최하의 종족 찬다라(Caṇḍāla, 旃陀羅)를 제5의 계급이라 하였다.

이 시대는 리그베다 말기에 나타난 철학적 사색의 경향을 이어받아 일신교 내지 일원적 경향이 현저하게 보이며, 다음의 우파니샤드 시대에 나타나는 우주의 근본원리로서의 브라흐만(梵)의 관념이 점차로 명확하게 되어 우파니샤드 시대로 옮겨 가는 과도기적 단계를 보이고 있다.

당시의 내세관은 리그베다 시대와 거의 비슷하며, 사후에는 가장 높은 야마천궁에서 조상의 영혼과 만나는 것을 이상으로 삼고 있다. 그러나 사후에 누구나 다 야마천궁에 갈 수 있는 것은 아니며, 야마가 이들을 구별한다고 되어 있다. 또한 지옥의 관념도 점차 명확해져 이미 인과응보의 관념이 나타나고 있다.

4. 우파니샤드 시대

아타르바·브라흐마나 시대를 거쳐 기원전 800년에서 기원전

500년까지의 우파니샤드 시대가 되면 최고신에 대한 관념은 희박해지고 오로지 우주의 근본원리로서 비인격적인 일원적 원리를 추구하게 된다. 그 결과 우주의 근본원리인 브라흐만(梵)과 개인존재의 본체인 아트만(我)이 완전히 동일하다고 하는 범아일여(梵我一如)사상에 도달하게 되었다.

또한 이 시대에는 후대 인도사상의 중요한 성격을 결정짓는 '업'이나 '윤회' '해탈' 등의 사상이 명확히 나타나고 있다.

윤회사상에 대해서는, 일찍이 바라문에게 전해진 일이 없는 왕족들만의 가르침인 '오화설(五火說)'과 '이도설(二道說)'이 보이고 있다.

'오화설'이란 화장의 습관과 비가 내리는 현상을 결합하여 만든 설로서, 인간이 죽어 화장을 하면 그 영혼은 먼저 ①달에 들어가고, 다시 ②비가 되어 지상에 내려와, ③쌀이나 보리와 같은 식물에 흡수되며, ④남자의 몸 속으로 들어가 정자가 되고, ⑤모태에 들어가 다시 태어난다고 하는 것이다.

다음 '이도설'이란, 사후에 죽은 자가 가는 길을 '신도(神道)'와 '조도(祖道)'로 나누어, 사람이 어느 길을 가느냐는 생전의 행위에 의한다고 하며, 이외에 악인이 가는 제3의 장소도 있다고 한다. '신도'를 가는 자는 최종적으로 브라흐만에 도달하지만, '조도'를 가는 자는 '오화설'에서 말하는 것과 같이 달세계로 들어가 재차 이 지상으로 되돌아온다고 한다.

'오화설'과 '이도설'은 본래 그 사상적 근거가 다른 것이지만, 내용의 유사성으로 인해 '오화이도설'이라 합쳐서 말하는 것이 통례이다.

이와 같이 '오화이도설'에 의해 윤회설이 확립되자 이번에는 윤회의 주체가 되는 원동력이 무엇인가 하는 문제가 의문으로 제기되었다.

이에 대해 『우파니샤드』 성전에는, 일찍이 아르타바가라는 사람이 당시의 유명한 철학자 야쥬냐발캬를 찾아가 사람이 죽으면 무엇이 남는가 하고 물었더니, 그는 아르타바가를 아무도 없는 곳으로 데리고 가, 그것은 '업'이라고 하는 비밀스러운 내용을 전했다고 한다.

우파니샤드 시대에는 윤회에서 벗어나는 것, 즉 해탈을 궁극적 목표로 삼았는데, 그들이 말하는 해탈은 브라흐만과 아트만의 본질, 즉 '범아일여'의 진리를 직관하여 브라흐만과 하나가 되는 것이다. 실천방법으로는 요가, 즉 명상을 통해 브라흐만과 아트만에 정신을 집중하는 것을 권하고 있다.

이러한 '업'과 '윤회' '해탈' 사상은 그 후 힌두교·불교·자이나교 등의 사상형성에 큰 영향을 미쳤다.

제2절 자유사상가의 출현과 육사외도

1. 자유사상가의 출현

　베다의 종교와 사상은 석가모니가 출현한 기원전 5, 6세기경에는 인도의 정통종교인 바라문교로서 인도사회에 침투해 있었으나, 후에는 힌두교에 계승되어 현재에 이르고 있다. 이 베다성전의 권위와 바라문들의 신성함을 인정하는 흐름을 정통바라문 사상이라 한다.
　이에 대해 바라문교의 권위를 부정하고 바라문교의 성전인 『베다』를 비판하고 무시하며 독자적인 사상을 제창한 자유사상가들이 석가모니와 거의 같은 시대에 배출되어 소위 반베다적 입장을 취하였다. 이 흐름을 비정통바라문 사상이라 한다.
　자유사상가들이 배출된 원인에 대해서는 다음과 같은 점을 생각할 수 있다.
　도시상공업자들은 화폐경제에 의해 재산을 축적하여 지금까지 사회의 지도자였던 성직자인 바라문계급과 왕족이나 무사인 크샤트리야계급 대신에 도시의 경제적 실권을 장악하게 되었다. 그리고 물질적인 풍요함은 도덕적인 퇴폐를 조장하여 자유향락의 풍조를 가져오게 되었다. 이러한 속에서 신흥세력으로부터 절대적인 지지를 받은 것이 반베다적 사상인 비정통바라문 사상이었다.

석가모니도 반베다적 자유사상가의 한 사람으로서, 정통바라문 사상을 부정했지만 단지 무조건 부정한 것은 아니었다. 그는 베다나 우파니샤드의 종교가 저지른 과오를 바로잡아 아리아 인의 본래 면목을 회복시키고 이것을 새로운 시대에 적용시키기 위해 가르침을 설했던 것이다.

  이에 석가모니는 민심을 기초로 새로운 시대의 요청에 응한 사상가로 등장했다. 이외에도 전통적인 바라문교 성전인 『베다』의 권위를 부정하는 자유사상가가 많이 나타났다. 그들 사상가의 수를 불교에서는 62명, 자이나교에서는 363명이라 하고, 그들의 사상을 개괄적으로 전하고 있다.

  그들 가운데는 도덕부정론자·유물론자·쾌락주의자·회의론자·고행론자 등 여러 지도자가 있었으며, 불교에서는 그 가운데 대표적인 사상가 여섯 명을 '육사외도(六師外道)'라 부르고 있다. '외도'란 불교 이외의 학파나 학설을 신봉하는 이교도란 뜻인데, 이것은 어디까지나 불교측에서 부른 호칭이다.

2. 육사외도의 사상

  육사외도의 학설이 같은 시대에 출현한 석가모니의 사상과 얼마나 대조적인 것이었는가를 살펴보기 위해 그들의 사상을 간단히 소개하면 다음과 같다.

  (1) 푸라나 캇사파 : 석가모니와 같은 시대에 노예의 아들로 태어난 그는 보시나 제사, 살인이나 강도 등 어떠한 선악 행위를 하더라도 아무런 과보를 받지 않는다고 주장한 '도덕부정론자'의 대표

이다.

(2) 파쿠다 캇차야나 : 인간은 지·수·화·풍·고·낙·영혼의 7요소로 되어 있으며, 이 요소들은 영원불변한 것이므로 칼로 사람을 죽여도 칼이 7요소의 사이를 지나갈 뿐이라고 하였다. 극히 유물론적인 그는 영혼의 독립을 인정하지 않았을 뿐만 아니라 창조자도 인정하지 않았다.

(3) 막칼리 고살라 : 그는 인간 개개인의 고통과 쾌락의 양은 정해져 있기 때문에 윤회가 끝날 때까지는 아무리 수행해도 해탈이란 있을 수 없다고 하는 숙명론을 주장했다. 여기에는 종교무용론과 도덕부정론의 사고방식이 내포되어 있다.

(4) 아지타 케사캄발린 : 아지타는 인간은 죽으면 지·수·화·풍의 4원소로 돌아갈 뿐, 사후에는 아무것도 존재하지 않는다고 보는 감각적 유물론자였다. 그는 이 세상에서 아무리 착한 일이나 나쁜 짓을 하더라도 그 과보는 존재하지 않으며, 따라서 종교도 도덕도 아무 필요가 없는 것이라 주장하였다.

(5) 산자야 벨라티풋타 : 그는 내세나 선악업의 과보 등에 관해 인식하고 설명하는 것은 불가능하다고 하여 불가지론(不可知論)을 제창했다. 산자야는 내세(來世)의 부정 등 형이상학적인 문제에 관해서는 명확한 대답을 하지 않고 회의론의 입장을 취했기 때문에 그의 논리를 가리켜 '뱀장어처럼 미끌미끌하여 붙잡기 어려운 논리'라고도 불렀다.

이러한 그의 회의론은 어떤 의미에서는 석가모니의 '무기설(無記說)'에 영향을 주었을 것으로 생각되고 있다. '무기설'이란 나중에 상세히 설명하겠지만 형이상학적인 질문에 대해 침묵으로 답하는 방식이다.

(6)니간타 나타풋타 : 니간타는 석가모니와 같은 시대, 같은 지방, 같은 계급 출신으로서 자이나교를 개창하였다. 자이나교는 불살생의 계율을 중심으로 철저한 고행과 금욕주의를 주장하는 종교로서 그 이론과 실천은 불교연구에 중요한 자료가 되므로 절을 바꾸어 설명하기로 한다.

제3절 자이나교

1. 기본교리

외도 가운데 한 사람인 니간타 나타풋타는 석가모니보다 20살 아래로서 기원전 447년(혹은 기원전 549)경에 태어나 72살로 사망했다. 본명은 바르다마나이고, 깨달음을 얻은 후에는 위대한 영웅이란 의미에서 마하비라(Mahāvīra)라 불렸다.

바이샬리(현재의 베살리)의 왕족 출신인 그는 결혼한 후, 30살에 출가하여 12년간 고행한 결과 깨달음을 얻어 '지나(Jina)'가 되었다. '지나'란 승리자라는 뜻으로, 자이나교는 승리자의 가르침을 뜻한다.

자이나교는 불교와 거의 같은 시대에 흥기하여 반베다의 입장에서 새로운 시대에 적합한 사상을 설했으므로 그 초기에는 교단 형성이나 성전의 편찬 등에 있어서 불교와 유사한 점이 많다.

그러나 교리에 있어서는 불교와 마찬가지로 윤회로부터의 해탈을 목적으로 하고 있지만, 불교의 '중도설'에 대해 '상대주의'를 주장하고, 불교에서는 '고행을 부정'하는 것에 비해 '고행주의'를 택하였으며, 불교의 '무아설(無我說)'에 대해 '요소실재설(要素實在說)'을 설했기 때문에 교리적으로는 상당히 다르다고 할 수 있다.

자이나교에서 주장하는 '상대주의'란, 산자야의 회의론을 극복하기 위해 제창된 것이다. 대립되는 사상이나 논의가 제기되었을 때 '이것이 절대다'라고 하는 일방적인 판단을 내려서는 안 되며, '이 측면에서 보면'이라는 단서를 붙여서 설해야 한다는 것이다.

예를 들면, 사물이 실체라고 하는 점에서 보면 항상 있는 것이므로 상주(常住)지만, 상태라고 하는 점에서 보면 변화하는 것이므로 무상(無常)이기 때문에 상주도 무상도 절대적인 의미가 아닌 상대적 의미로 해석해야 한다는 것이다. 이러한 점에서 보면 사물의 파악이나 실천에 있어서 긍정이나 부정의 양극단을 떠나 이것에서 자유롭게 되는 것을 주장하는 불교의 '중도설(中道說)'과 상당히 비슷하다고 할 수 있다.

또한 자이나교에서는 우주는 세계와 비세계로 되어 있으며, 비세계에는 허공만이 충만해 있고, 세계는 5개의 실체로 되어 있다고 한다. 또한 세계는 영혼과 비영혼으로 되어 있으며, 비영혼은 다시 사물을 운동시키는 조건(dharma), 정지시키는 조건(adharma), 허공, 물질로 나누어지는데 이 4가지 실체와 영혼을 합해서 5개의 실체라 하는 것이다.

5개의 실체 가운데 중요한 것은 영혼과 물질로서, 영혼은 정신작용을 말하고, 물질은 미세한 원자로서 파괴되지도 지각되지도 않으며, 색깔과 냄새와 향기와 접촉성을 가진 것이라고 한다.

자이나교에서는 이 영혼과 물질의 작용으로 윤회를 설명한다.

사람이 어떤 행위를 하면 그 행위, 즉 '업'에 의해 미세한 물질이 영혼에 부착되는데, 이 현상을 '유입(流入)'이라 한다. 이 유입으로 인해 영혼은 본래 가지고 있는 상승성(上昇性)이 방해를 받아 영혼은 지상에 속박되어 버린다. 이 속박을 자이나교에서는 '계박(繫縛)'이라 하며, 이 계박이 있기 때문에 영혼은 끊임없이 윤회하여 고통을 받게 된다는 것이다.

그러므로 윤회의 고통에서 벗어나기 위해서는 고행에 의해 과거에 지은 업을 멸함과 동시에 한편으로는 새로운 업의 유입을 방지해야 되는 것이다. 자이나교에서는 새로운 업의 유입을 방지하기 위해 자살을 권하기도 한다.

이러한 고행에 의해 업의 속박이 없어지고 미세한 물질이 영혼에서 분리되어 멸하면 영혼은 그 본성을 발휘하여 생전에 해탈의 경지를 얻을 수 있으며, 해탈한 영혼은 세계의 꼭대기에 있는 '완성자의 세계'에 도달하여 영원한 안락을 얻는다고 한다.

2. 불살생계와 무소유

자이나교의 교단은 비구·비구니·재가신자로 구성되어 있으며, 교도들은 올바른 신앙, 올바른 지식, 올바른 행동을 종교적 이상으로 삼고 있다. 특히 출가수행자는 올바른 행동으로써 정해진 계율에 따라 생활하며, 그 기본이 되는, 출가자를 위한 대서계(大誓戒), 즉 불살생(不殺生)·불망어(不妄語)·부도(不盜)·불음(不婬)·무소유(無所有)의 5계를 엄수해야 한다.

이 중 불살생과 무소유는 자이나교에서 특히 중시되는 것이다. 불살생계의 범위는 영혼을 가진 모든 것에 해당되는데, 자이나교에서는 지·수·화·풍·동물·식물의 6종류의 영혼을 인정하고 있으므로 이 6종류의 영혼을 다치지 않게 하기 위한 것이 불살생계이다. 따라서 동물뿐만 아니라 식물을 먹는 것도 나쁜 일이므로 단식으로 굶어 죽는 자를 최고의 수행자로 취급하였다.

또한 불살생계를 지키기 위해 물 속의 작은 벌레를 먹지 않으려고 물을 여과해서 마시고, 길을 걸을 때는 작은 벌레를 밟지 않으려고 쓸어 가며 걸었으며, 공중의 미세한 벌레를 빨아들이지 않으려고 입에 마스크를 했다고 한다.

한편 무소유의 계를 지키기 위해 초기에는 의복을 입지 않고 나체로 수행했는데, 후에는 흰옷을 걸치는 백의파가 나타났으므로 이에 대해 본래의 보수파를 공의파(空衣派)라 불렀다.

수행의 중심은 고행이었으며, 이것에는 외적 고행과 내적 고행이 있다. 외적 고행은 뜨거운 태양 아래서 몸을 태우거나 몇 개월씩 물을 먹지 않으며 단식을 행하는 고행을 말하고, 내적 고행은 조용한 장소에서 선정에 드는 것을 말한다. 이러한 고행은 불교에서는 배척되었지만, 자이나교에서는 앞에서 설명한 바와 같이 불살생계의 준수로 인해 단식에 의한 죽음을 최고의 죽음으로 찬양하였다.

재가신자는 출가수행자처럼 가혹한 생활은 하지 않지만, 출가자와 같은 항목의 소서계(小誓戒)를 지키며 신자로서의 생활을 하지 않으면 안 되었다. 소서계란 살생을 하지 않는 '불살생(不殺生)', 거짓말을 하지 않는 '불허언(不虛言)', 도둑질하지 않는 '부도(不盜)', 부인 이외의 여성과 교제하지 않는 '불음(不婬)', 집착하지 않는 것으로서 구체적으로는 일정 이상의 금이나 음식 등을 소유하지 않는 '무소유(無所有)'의 5계를 말한다.

출가수행자와 똑같이 불살생계를 지켜야 하는 재가신자들은 농업보다는 상업이나 금융업에 종사했기 때문에 부유계급이 많았다. 그것은 19세기까지 인도 민족자본의 반 이상을 인도 인구의 0.5%에 지나지 않는 자이나교도가 가지고 있었다고 하는 것에서도 그

정도를 짐작할 수 있다.

불교는 13세기에 이슬람교의 침입으로 인도에서 자취를 감추었지만 자이나교는 인도 국내에만 머물면서 큰 변혁 없이 지금까지도 교세를 존속시켜 현재 상공업자를 중심으로 200만 명 이상의 신도가 있다고 한다.

제 3장

불교의 성립과 발달

제1절 석가모니의 생애
제2절 경전의 성립
제3절 원시불교
제4절 아비달마불교
제5절 대승불교

제1절 석가모니의 생애

1. 탄생·출가·성도

석가모니는 북인도의 히말라야 산록이 광대한 대평원으로 이어지는 부근, 현재 네팔의 타라이 지방으로 추정되는 곳에 위치한 도성(都城) 카필라바스투 교외의 룸비니 공원에서 숫도다나(淨飯)왕과 마야 부인의 장남으로 태어났다.

그는 석가족 출신으로서 성을 '고타마', 이름을 '싯달타'라 하였다. 고타마(Gautama)는 '우수한 소'라는 의미이고, 싯달타(Siddhārtha, 悉達多)는 '목적을 달성한 사람'이라는 뜻이다. 학자들 가운데는 고타마가 우수한 소를 의미한다는 것에서 석가족은 고대 부족사회의 모우(牡牛 ; 수소)숭배 신앙과 관계가 있을 것이라고 추정하는 사람도 있다. 후에 그를 '석가모니'라 부르게 된 것은 그가 석가족 출신으로서 '모니(牟尼)' 즉 성자(聖者)가 되었다는 것을 의미하며, 줄여서 '석존'이라 부르기도 한다.

석가모니의 전기자료에서 가능한 한 수식을 제외하고 그의 생애를 서술하면 다음과 같다.

싯달타는 태어나자 7일 만에 어머니인 마야 부인을 여의고, 이모인 마하파자파티 부인에 의해 양육되었다. 그는 소년시절, 왕족에 어울리는 교육을 받았으며 모든 면에서 비범한 재능을 발휘하였다. 성장해서는 석가족의 처녀 야소다라를 왕비로 맞아들여 라훌라(Rāhula)라는 아들을 얻었다. 당시 태자의 생활은 석가족으로서는 최대의 영화와 즐거움을 누렸다고 한다.

그러나 그는 어릴 때부터 사색(思索)에 잠기는 일이 많았으며, 태자의 세속의 행복은 삶의 근본적인 문제를 의식하면서부터 흔들리기 시작하였다. 그리하여 결국 29살의 어느 날 밤, 일체를 버리고 출가하여 사문(沙門 ; 구도자)이 되었다.

그는 먼저 남쪽으로 마가다 국의 수도 라자그리하(왕사성)로 가서 당시 유명했던 전통적인 요가의 두 선인(仙人) '알라라 칼라마'와 '웃다카 라마풋타'를 차례로 방문하여 선정(禪定)에 관한 가르침을 받았지만 만족하지 못했다. 그리하여 그는 다시 가야 지방의 교외(현재의 붓다가야)에 있는 네란자라 강(尼連禪河) 근처에서 예로부터 바라문들 사이에 초월적인 힘을 얻는 수단으로 수행되고 있던 단식을 포함한 고행을 6년간 계속하였다. 그러나 심신의 쇠약으로 기력을 잃어 해탈을 얻지 못한 채 고행을 포기하였다.

싯달타는 마을로 내려와 그 마을 처녀가 주는 우유죽을 먹고 체력을 회복한 후, 근처의 아슈밧타 나무(無花果樹 ; 후에 깨달음이라는 뜻의 菩提를 따서 보리수라 함) 아래서 홀로 선정에 들어, 드디어 깨달음(覺)을 얻어 부처(佛陀, 覺者)가 되었다. 이것을 성도(成道)라 한다. 그의 나이 35세 때였다.

2. 초전법륜과 교화활동

깨달음을 얻은 석가모니는 얼마 동안 그 자리를 떠나지 않고 해탈의 즐거움을 맛보았다. 그러나 이 훌륭한 가르침을 혼자서만 간직할 것이 아니라 세상 사람들에게 전해 주어야겠다는 사명감을 자각하고 수행할 때 선정을 배웠던 두 선인을 찾아갔다.

그러나 두 선인은 이미 세상을 떠난 후였다. 다음 적임자로 예전에 함께 고행했던 5명의 수행자를 생각해 내고 그들이 사는 카시 국의 수도 바라나시(현재의 베나레스) 교외의 사르나트로 향했다.

갠지스 강을 건너 200여 킬로의 길을 지나 사르나트의 미가다야(사슴정원, 鹿野苑)에서 그들을 상대로 최초의 설법을 하였다. 이것이 소위 최초의 설법인 초전법륜(初轉法輪)이다. 그들 5명은 최초의 불제자가 되어, 비로소 불교의 출가교단인 승가(僧伽)가 성립하게 되었으며, 여기에 부처님(佛)과 진리(法)와 출가수행자(僧)라는 3가지 보배, 즉 불·법·승 삼보(三寶)가 갖추어져 불교가 탄생하게 되었다.

초전법륜은 석가모니의 생애 가운데 4가지 큰 사건, 즉 탄생·성도·초전법륜·입멸 중의 하나이며, 초전법륜이 행해졌던 녹야원은 불교의 4대 유적지의 하나로 손꼽히고 있다.

초전법륜이 이처럼 중요하게 취급되고 있는 이유는, 그것이 최초의 설법이라서 특별히 중요한 것이 아니라, 최초로 '설법했다'고 하는 행위, 다시 말하면 석가모니가 설법하지 않았다면 불교는 이 세상에 그 모습을 남기지 않았을 것이며, 나아가 우리가 불교와 만날 수 있는 기회도 영원히 사라졌을 것이기 때문이다. 초전법륜이 중요한 의미를 갖는 이유는 바로 여기에 있다.

이후, 석가모니는 그의 주위에 모여든 제자들을 지도하면서 출가한 제자들과 함께 마가다 국의 라자그리하와 코살라 국의 사밧티 두 곳을 중심으로 하는 북인도 중원(中原)지방을 유행(遊行)하면서, 곳곳에서 고뇌하는 사람들과 만나 그들의 물음이나 호소에 적절한 비유를 섞어 가면서 친절히 대답해 주었다. 그들 대부분은 신자가 되었으며, 그중 몇몇은 출가하여 불제자가 되었다.

5명의 비구가 제자가 되어 교단이 성립된 후, 최초로 입단한 자는 바라나시에 사는 장자(長子)의 아들 야사였으며, 이어 석가모니의 명성을 듣고 많은 사람들이 출가하였다. 그중에서도 마가다의 우루벨라에서 카사파 3형제(三迦葉)와 그 제자 1,000여 명, 그리고 라자그리하에서 바라문 출신인 사리풋타(舍利弗)와 마하목갈라나(大目犍連, 目連)의 인솔로 회의론자인 산자야의 제자 250명이 집단으로 개종한 것은 중요한 사건이다. 특히 사리풋타의 입단은 불교교단의 지위 확립에 큰 영향을 주었으며, 나중에 사리풋타와 마하목갈라나는 석가모니의 10대 제자가 되었다.

한편 석가모니는 고향 카필라바스투를 방문했을 때 부왕을 위시하여 아난다(阿難), 나중에 반역한 데바닷타(提婆達多) 등 석가족 사람들을 교화했으며, 아들 라훌라를 출가시켰다. 한편 길러 준 어머니 마하파자파티의 간절한 소원으로 처음으로 여성의 출가를 인정하였으며, 여기에 비구니교단이 성립하게 되었다.

불교교단은 언제나 개방되어 있었기 때문에 원하는 사람이면 신분에 관계없이 언제라도 출가 혹은 재가신자가 될 수 있었다. 이것은 교법의 은혜를 특수한 사람들에게만 제한하고 있던 베다종교와는 전혀 다른 것으로서 획기적인 것이었다.

그러므로 제자들 가운데는 앞에서 언급한 왕족이나 바라문 출신 외에도 도시의 상인계급(바이샤), 심지어는 강도 '앙굴리말라', 무학(無學)인 '출라판타카', 유녀(遊女) '안바파리' 등도 있었다.

한편 재가신자 가운데 유력한 외호자(外護者)로는 라자그리하의 죽림정사를 기증한 마가다 국왕 빔비사라, 코살라 국왕 파세나디, 급고독 장자라 불린 기원정사의 기증자 수닷타 등이 있다.

　석가모니가 전도한 지방은 갠지스 강 중류지역의 마가다의 수도 '라자그리하'와 코살라의 수도 '사밧티'를 중심으로 하는 타원형 지역으로서 북쪽은 '카필라바스투', 남쪽으로는 코삼비를 수도로 하는 '밤사'에까지 미쳤다. 교단의 근거지로서는 이외에 마가다 북쪽 바이샬리나 카시(바라나시)가 있지만, 가장 중요한 거점이었던 곳은 라자그리하(왕사성)의 죽림정사와 사밧티의 기원정사였다.

　인도는 여름의 몬순기가 3개월 정도 계속되므로 이 기간 동안에는 유행(遊行)이 불가능하기 때문에, 이 기간 동안 석가모니는 죽림정사나 기원정사에 머물면서 제자들과 함께 명상에 들고, 또한 가르침과 교훈을 확인하였다.

　그러나 일년의 절반인 건기에는 석가모니는 대체로 혼자서, 만년의 약 25년간은 사촌인 아난다과 함께 위의 두 지역을 잇는 타원형상 내의 각지를 두루 걸어다니며 노상이나 나무 아래서 밤을 지내면서, 일체의 욕망을 멀리하고 무(無)에 철저한 채, 각계각층의 사람들을 교화했다.

3. 만년의 비극적 두 사건과 입멸

　석가모니의 만년에는 2가지의 비극적 사건이 일어났다. 하나는 데바닷타의 배반이고, 다른 하나는 석가족 국가의 멸망이다.

　데바닷타(Devadatta, 提婆達多)는 아난다와는 형제이고 석가모니에게는 사촌 아우가 된다. 그는 어릴 때부터 석가모니에게 적개심을 품었고, 후에는 마가다 국의 왕자 아자타삿투(阿闍世)와 모의하여 석가모니를 살해하고 교단을 탈취하려 하였으며, 석가모니 만년에는 따로 교단을 만들어 석가모니를 배신하였다. 그러므로 불전에는 그의 비도(非道)를 강조하여 오랫동안 지옥에 떨어졌다고 전하고 있다.

다음 석가족 국가의 멸망은, 석가모니 생애에서 가장 비극적인 사건이지만, 이를 통해 석가모니의 인간적인 면을 접할 수 있다.

전설에 의하면, 코살라 국의 비루다카(毘琉璃) 왕은 어렸을 때 석가족에게 당한 수모를 갚기 위해 석가모니의 조국인 카필라를 침공하려 했다. 이 소식을 들은 석가모니는 비루다카 왕이 통과하리라고 예상되는 길목의 고목 아래서 쉬고 있었다. 멀리서 그 모습을 본 비루다카 왕이 석가모니에게 다가가 그 이유를 물었더니 석가모니는 오직 한마디 "친족의 그림자는 시원하다."라고 말했다.

석가모니의 심중을 알고 고국으로 되돌아온 비루다카 왕은 그 뒤 2차, 3차 진격했으나 역시 그 자리에 앉아 있는 석가모니를 발견하고는 군대를 되돌렸다. 그러나 네 번째는 석가모니도 더 이상 저지할 수 없음을 알고 그 곳에 나오지 않았다. 이 기회를 틈타 비루다카 왕은 카필라를 침공하여 많은 석가족을 살해했다고 한다.

인간세상의 고통과 괴로움을 극복하고 모든 생명을 평등하게 여겼을 석가모니가 자기가 태어난 고향에 대해 이처럼 깊은 애정을 보이고 있는 것에서 그의 인간미를 엿볼 수 있다.

45년간의 긴 세월 동안 중인도 각지를 순회·여행하던 석가모니는 자신의 수명이 다 되었음을 자각하고 라자그리하에서 북쪽으로 태어난 고향을 향해 최후의 여행을 떠났다. 그러나 도중에 한 신자의 공양을 받고 식중독에 걸려 쿠시나가라 교외의 사라쌍수(沙羅

雙樹) 아래서 제자들에게 유훈을 남긴 후 선정에 든 채 입멸하였다. 그때 나이 80세였다.

불전에서는 이 입멸을 반열반(般涅槃)이라 기록하고 있다. 반열반이란 완전한 열반, 즉 위대한 죽음이란 뜻으로서, 석가모니의 육신이 죽음으로 돌아간 것을 의미한다.

4. 석가모니의 전기가 주는 교훈

석가모니의 전기 가운데는 앞에서 든 소박한 역사적 사실을 기록한 내용 외에도 석가모니를 신격화하여 문학적으로 윤색을 가한 내용도 많다. 석가모니가 일반 중생과는 다르다는 점을 강조하기 위해 그 원인을 전생에까지 거슬러 올라가 만든 『자타카(本生譚)』나 『아바다나(比喩譚)』 등이 그것이다.

그런데 이들 신격화된 내용들은 대체로 하나의 의도로 일관되어 있다. 그것은 겉으로는 석가모니가 일반 중생들과는 다르다는 점을 강조하기 위한 듯이 보이지만, 실질적으로는 석가모니의 기본 정신인 자리(自利)·이타(利他)정신의 강조에 있다.

예를 들면 석가모니의 생애 가운데, ①도솔천에서 내려옴, ②마야 부인의 모태 속으로 들어감, ③탄생, ④출가, ⑤마귀를 제압시킴, ⑥성도, ⑦설법, ⑧열반의 8가지 특징적인 사건들을 들어 설명하고 있는 팔상성도(八相成道, 혹은 八相示現)라는 것이 있다.

이것에 의하면 석가모니는 전생에 '스메다'라고 하는 구도자(보살)였으며, 24명의 부처님을 차례로 만나 중생구제의 서원과 그것을 성취하기 위한 10가지 수행인 십바라밀을 되풀이하였다.

그리고 이 세상에 태어나기 직전에는 역시 구도자의 신분으로서 도솔천에 있었으며, 거기서 내려와 마야 부인의 태내로 들어갔다. 그 순간 마야 부인은 흰코끼리가 태내로 들어오는 꿈을 꾸고 임신하였다. 만삭이 되어 인도의 관습에 따라 해산하기 위해 친정으로 가는 도중에 룸비니 동산의 무우수 가지를 잡고 있는 마야 부인의 오른쪽 옆구리로 태어났다고 한다.

이것은 석가모니가 이 세상에 태어나게 된 인연을 설명하기 위해 만들어진 것인데, 여기서 말하고자 하는 것은 석가모니의 탄생 목적은 어디까지나 전생에서부터 이어져 내려오는 구도자로서의 자기수행인 '자리행'과 중생들을 구제하는 '이타행'의 축적에 있다는 것을 강조하고 있는 것이다.

또한 석가모니가 탄생한 날, 아시타 선인이라고 하는 한 점성가가 어린 석가모니의 얼굴을 보고 "이 아이는 최상의 청정함을 깨닫고 많은 사람의 이익을 꾀하며, 자비를 베풀고 진리를 두루 펴게 될 것입니다. 또한 그의 청정한 행동은 세상에 널리 알려질 것입니다."라고 예언했다고 한다. 이것도 이미 석가모니가 '자리'와 '이타'의 완성자가 될 것이라는 것을 미리 예언하고 있는 것이다.

이상의 기록 외에도 석가모니의 전기를 전하는 경전 가운데는 신격화된 전설들이 많이 수록되어 있지만 그 의도는 모두 다 불교의 기본정신인 '자리행'과 '이타행'을 강조하는 것이다.

5. 다비와 불탑신앙

석가모니가 입멸하자, 부근에 사는 말라 족 사람들은 석가모니의 장례의식과 공양을 집행했다. 모든 일을 도맡아 한 사람은 바라문의 현자인 판디타와 대신들이었다. 아난다를 위시한 출가자들은 의식에 관여하지 않았는데, 그것은 석가모니가 장례의식은 재가신자들에게 맡기고 출가자는 오직 수행에만 힘쓰라고 지시했기 때문이다.

그러나 화장(불교에서는 茶毘라 함)할 때에는 마하카사파(摩訶迦葉) 등이 참석했다고 하므로 그 지시를 반드시 지킨 것도 아닌 듯하다. 석가모니의 유해는 사라 나무 숲에서 성안으로 운반되어, 성안을 한 바퀴 돈 후에 교외에 있는 차이티아(성스러운 곳)라 부르는 성지에서 사촌인 아난다와 배다른 동생인 난타, 수제자인 마하카사파 등 많은 제자와 신자들이 지켜보는 가운데 화장되었다.

석가족을 위시하여 많은 지방의 신자들이 석가모니의 유골을 나누어 받기를 원했으므로 유골(사리)은 8등분되었다. 재가신자들에게 있어서 유골은 얻기 어려운 숭배의 대상이었으므로, 그들은 8등분한 유골과 유골을 담아 두었던 용기, 다비 때의 재(灰)로써 10개의 사리탑을 만들었으며, 그들 사이에는 사리를 숭배하는 신앙이 성행하게 되었다.

'사리(舍利)'란 산스크리트 '샤리라(śarīra)'의 음을 따서 읽은 것으로서, '신골(身骨)' 혹은 '유골'이란 뜻이다. 그러므로 석가모니의 사리는 곧 유골을 의미한다. 그러나 후세에는 그 의미가 약간 변하여 중국이나 한국·일본에서는 화장한 뒤에 나오는 작은 구슬 모양으로 된 것만을 '사리'라 부르게 되었다.

19세기 말, 유럽에서 석가모니의 실존 문제에 대해 한창 의문이 제기되고 있을 때, 영국의 주재관(駐在官)이었던 펫페가 카필라바스투 근교의 고분에서 '석가족이 불타 세존의 유골을 모셨다'는 내용이 새겨진 유골 항아리를 발굴(1898년)함으로써 위의 전승(傳承)이 고고학적으로 입증되었다.

현재 유골 항아리는 인도의 캘커타 박물관에 보관되어 있으며, 속의 유골은 불교신봉이 돈독한 타이 왕조에 모셔져 있다. 그 일부가 일본 나고야(名古屋) 시(市) 일태사(日泰寺)에도 모셔졌다.

6. 석가모니의 입멸연대(佛紀의 확정)

불교의 역사, 즉 불기(佛紀)는 석가모니가 입멸한 해를 기원 원년으로 삼아 계산한다. 그러나 석가모니의 입멸연대를 둘러싸고 반세기 이상 연구가 계속되어 왔지만 아직도 정확한 결론을 내리지 못하고 있는 실정이다.

현재, 학계에서 입멸연대를 결정하는 유력한 설로는, 역사적 사실인 아쇼카 왕의 즉위 해를 기준으로 계산하는 법이 있다. 이것에 의하면, 아쇼카 왕의 즉위를 석가모니 입멸 후 218년이라 보는 남방불교의 전승에 근거하여 불멸을 기원전 485년이라 보는 설과, 아쇼카 왕의 즉위를 석가모니 입멸 후 116년이라 보는 북방불교의 전승(설일체유부설)에 근거하여 기원전 383년이라 보는 2가지 설이 있다.

그러나 현재 남방불교권에서는 스리랑카의 역사서인 『대사(大史, Māhāvaṃsa)』나 『도사(島史, Dipavaṃsa)』 등에 근거하여 1956년에 불멸 2500년 축제를 거행했으므로 불멸을 기원전 544년이라 하고 있음을 알 수 있다. 우리 나라에서도 이것에 준하여 1994년 현재를 불기 2538년이라 하고 있다.

이외에도 중성점기설(衆聖點記說)이 있다. 이것은 인도에서 중국으로 전해진 전설로서 『역대삼보기(歷代三寶記)』나 『대당내전록(大唐內典錄)』과 같은 경전목록에 나오는 설이다. 이것에 의하면 석가모니가 입멸한 후 처음 맞이한 우기(雨期), 소위 제1결집이 행해졌을 때 우팔리(優波離)가 율전(律典)을 결집하여 율전의 처음에 점(點) 하나를 기록한 것이 최초로서, 그 이후 매년 같은 방식으로 제자들이 한 점씩 기록해 왔는데, 그것이 중국에 전해져 제(齊)나라 영명 7년 경오년(정확히는 永明 8年, 490년)까지 975점이 되었다고 한다.

이것에 의해 계산하면 석가모니의 입멸연대는 기원전 485년이 된다. 여기서 중성점기설이란 '많은 성자들이 점을 찍어 기록해 온 설'이라는 의미이다. 그런데 이 설은 하나의 전설에 지나지 않기 때문에 역사적 사실로 인정하기는 힘들지만, 기원전 485년은 오늘날 학자들이 새로운 자료에서 연구해 낸 성과와 기이하게도 일치하고 있다.

현재 불멸연대에 대해, 학계에서는 남방불교권의 기원전 544년설에는 별로 비중을 두지 않으며, 구미(歐美) 등의 기원전 485년설(남전자료에 근거)과 현재 일본의 기원전 383년설(北傳자료에 근거)이 양립하고 있다. 전자에 의하면 석가모니의 생존연대는 기원전 565~485년이 되고, 후자에 의하면 기원전 463~383년이 된다.

또한 석가모니의 탄생·성도·열반일에 관해서도 이설(異說)이 많지만, 현재 한국이나 일본에서는 탄생일을 4월 8일, 성도일을 12월 8일, 열반일을 2월 15일로 정하고 있으며, 남방불교권에서는 3가지 모두 인도의 달력으로 제2월(베사카 달)의 보름날(양력 5월경)로 정하고 있다.

제2절 경전의 성립

1. 삼장의 성립

석가모니가 설한 가르침은 그 후 제자들에 의해 집성되어 후세에 전해졌으며, 그 경위는 다음과 같다.

석가모니의 수제자 마하카사파는 많은 비구들과 함께 유행하는 도중에 우연히 한 바라문으로부터 석가모니가 입멸했다는 소식을 들었다. 그때 비통해 하는 비구들 가운데 한 사람이 "친구들이여, 슬퍼하지 마십시오. 우리는 이제야 자유롭게 되었습니다."라는 폭언을 하였다. 이것을 들은 마하카사파는 앞으로 올바른 교법과 계율이 흐트러져 문란해질 것을 두려워하였다. 중인도 마가다 국의 수도 라자그리하로 돌아온 그는 장로비구들을 모아 석가모니가 45년간 설법한 가르침을 수집하는 회의를 소집하였다. 이 회의를 '결집(結集)'이라 하며, 인도에서만 4회의 결집이 있었다고 한다.

결집(saṃgīti)이란, 원래는 기억하고 있는 교법(敎法)을 함께 합창하는 것을 의미하지만, 후에는 성전의 편찬을 의미하게 되었다.

제1결집, 즉 제1회 불교성전편찬회의는 500명의 불제자들이 라자그리하 교외의 칠엽굴(七葉窟)에서 마하카사파의 주재로 7개월간 계속되었다. 이때 '법(法, dharma)'의 결집에는 항상 석가모니를 가까이 모시며 가장 많은 설법을 들은 기억 제일인자인 아난다가 중심이 되고, 율(律, vinaya)의 결집에는 항상 계율을 엄하게 지켜 제자들 가운데 계율 제일인자라 불린 우팔리가 중심이 되었다.

결집방식은 문자는 있었지만 아직 상용되지 않았던 시대였기 때문에 회의에 모인 제자들이 석가모니 생시에 직접 들었던 것을 기억나는 대로 암송하여 교리의 내용을 검토·확인한 후 마지막으로 다시 다 같이 암송하여 각자의 기억 속에 보관하는 작업이었다.

제2의 결집은 석가모니 입멸 후 100년경에 바이샬리(毘舍離)의 비구들이 '금전을 저축하는 것' 등 계율에 관한 10가지 문제(十事)를 실행한 것을 알게 된 아난다의 제자 야사(耶舍)가 700명의 비구를 바이샬리에 소집하여 10가지 문제에 대한 심의를 한 후 결집을 행하였는데, 이것을 제2결집이라 한다. 이 회의에서 10가지 문제는 비사(非事)로서 부정되어 이것을 실행한 자들은 이단으로 취급되었다. 이것이 부파의 분열을 가져오는 원인이 되었다고 한다.

제3결집은 석가모니 입멸 200년경, 아쇼카 왕의 치하에서 마가다국의 수도 파탈리푸트라(華氏城)에서 목갈리풋타팃샤가 주가 되어 1,000명의 비구를 소집하여 삼장(三藏)의 결집을 행하고, 『논사(論事, Kathāvatthu)』를 편집했다고 한다.

제4결집은 일반적으로 『대비바사론(大毘婆沙論)』을 편집한 것을 말한다. 석가모니 입멸 400년경에 카니시카 왕의 치하에서 파르슈바(脇尊者)가 주가 되어 500명의 비구를 소집하여 삼장을 결집했는데, 이것이 『대비바사론』이 되었다고 한다. 이상의 결집에 관한 전설은 각 부파의 율장(律藏)이나 『대당서역기(大唐西域記)』, 스리랑카의 『대사(大史)』, 『도사(島史)』 등에 설해져 있다.

이상에서 본 바와 같이, 석가모니의 가르침은 입멸 직후부터 '법'과 '율'로 나누어져 제자에게서 제자에게로 말로 전하는 이야기 경전으로 전해졌다. 여기서 '법'이란 석가모니의 가르침 중 교리와 사건에 관한 부분을 말하는 것으로서, 스승으로부터 제자에게 말로 전해지는 사이에 점차로 정리되고 형식이 갖추어져 '경(經)'이라 불리게 되었다.

'경'이란 산스크리트 수트라(sūtra)의 번역말이다. 그 본래 의미는 '날실'로, 마치 꽃을 따는 어린이들이 날실로써 꽃을 꿰어 화환을 만들 듯이, 석가모니가 설한 가르침을 꿰어 흩어지지 않게 한다는 것이다.

이렇게 해서 정비된 많은 경전들을 집대성한 것을 '경장(經藏)'이라 부르는데, 여기서 '장'이란 저장한다는 의미이다.

이 경장에 속하는 경전들이 다음에 설명하는 율장과 논장에 속하는 경전들과 다른 점은, 내용은 말할 필요도 없지만 그 형식에 있어서 경전의 첫머리에 '여시아문(如是我聞)' 혹은 '문여시(聞如是)'와 같은 정해진 문구가 부가되어 있는 것이다.

경장에 속하는 모든 경전에 '여시아문' 즉, '이와 같이 나는 들었다'라는 말이 부가되어 있는 이유는, 이 경전은 석가모니가 직접 설한 내용이라는 것을 증명하기 위해서다.

그러나 오늘날의 연구에 의하면 대부분의 경전에 들어 있는 '여시아문'이라는 말은 단지 형식에 지나지 않는 것으로서, 후대의 사람들이 석가모니의 설법형식을 취하기 위해 부가한 것이라 한다. 대승경전이 바로 이와 같은 것이다.

이렇게 말하면 대승경전은 석가모니의 교설이 아니지 않는가라는 의문이 생길 것이다. 이와 똑같은 의문이 근대에 이르러 학자들 사이에서도 제기되어 대승경전은 석가모니가 설한 경전이 아니라는 소위 '대승비불설론'이 대두되기도 하였다.

이에 현대의 학자들은 부처를 시간·공간을 초월한 존재로 보아 역사적 존재인 석가모니불을 떠나 초월적·절대적인 부처가 존재한다고 생각하고, 그 초월불·절대불의 가르침을 '불교'라 한다면, 석가모니가 설한 가르침은 지극히 일부에 지나지 않을 것이라고 생각하였다. 이리하여 그들은 불교의 진실한 가르침은 초월불로부터 직접 계시를 받은 사람들에 의해 새로운 방법으로 전해질 수 있다고 생각함으로써 '대승비불설'을 극복하고 있는 것이다.

아무튼 여기서 잊어서는 안 되는 것은 대승경전을 지은 작자들의 선한 의도를 의심해서는 안 된다고 하는 것이다.

다음에 율(律)이란 제자들의 수행상의 규칙을 모은 것으로서, 불교의 출가교단인 승가(僧伽, saṃgha)의 규율을 규정·해석하고 규율을 위반한 경우의 처리방법을 설한 것인데, 이러한 계율을 모은 것을 '율장(律藏)'이라 한다. 경장과 율장은 대체로 석가모니가 입멸한 후 100년경까지 성립되었다고 보고 있다.

이후 불교교단은 경장과 율장을 전하면서 교리를 연구하고 계율을 지키고 깨달음을 목표로 수행하였으며, 그 결과 교리에 관한 연구나 해석이 발달하여 많은 저술들이 편찬되었다.

그러나 이러한 것들은 제자들이 지은 것이기 때문에 경장에는 포함시키지 못하고 따로 모아서 '논장(論藏)'이라 부르게 되었다. 한편 계율에 관한 주석서도 만들어졌지만 그 수가 적었으므로 따로 장(藏)을 만들지 않고 율장 속에 포함시켰다.

그러므로 경·율·논의 삼장 속에는 불교의 문헌이 모두 포함되어 있는 것이다. 이 삼장을 오늘날에는 모든 전적을 망라하고 있다는 의미에서 '일체경(一切經)' 혹은 '대장경(大藏經)'이라고도 부른다. 삼장은 기원전 1세기경부터 문자화되어, 타라 나뭇잎으로 만든 패엽에 기록되어 서적형태로 만들어졌다. 법 높은 스님을 '삼장법사'라 부르는데 이때의 '삼장법사'란 바로 경·율·논의 삼장에 정통한 스님을 말한다.

2. 대장경의 종류

불교의 모든 전적을 망라한 대장경에는 크게 '팔리어대장경' '티벳대장경' '한역대장경'의 3종류가 있다.

1) 팔리어대장경

팔리(pāli) 어로 쓰여진 것으로 현재 스리랑카·태국 등 동남아시아의 남방불교 국가에서 사용되는 가장 오래된 불교경전이다.

여기서 '팔리 어'란 고대 인도의 마가다 어를 기본으로 각 지방의 방언을 혼합한 인공적인 성전용어이다. 팔리 어는 고대 인도의 전통고전어(표준어)인 산스크리트와 근친관계에 있는 언어로서, 어휘 총수의 2/5는 산스크리트와 같은 형이며, 음운이나 문법은 더 간략하다.

한역이나 티벳대장경에 비해 완벽한 형태를 전하고 있을 뿐만 아니라, 역사적인 석가모니의 교설에 가장 가까운 자료를 포함하고 있으므로 원시불교 연구에 불가결한 문헌이다. 특히 이 경전은 대승경전을 전혀 포함하고 있지 않다는 것이 특징이다.

팔리어대장경은 경·율·논 삼장으로 되어 있으며, 그 구성은 다음과 같다.

먼저 율장은 승려의 계율에 관한 것으로 3부로 나누어져 있다.

(1) 율장(律藏) ─┬─ 경분별(經分別, Suttavibhaṅga)
　　　　　　　├─ 건도부(犍度部, Khandhaka)
　　　　　　　└─ 부수(附隨, Parivāra)

'경분별'은 비구·비구니가 일상생활에서 지켜야 할 금계(禁戒)를 규정한 것이고, '건도부'는 교단의 제도규정 및 행사작법을 설명한 것이며, '부수'는 빠진 것을 보충한 것이다.

다음, 경장은 교리와 사건에 관한 것을 집성한 것으로 5부로 되어 있다.

(2) 경장(經藏) ─┬─ 장부(長部, Dīgha nikāya)
　　　　　　　├─ 중부(中部, Majjhima nikāya)
　　　　　　　├─ 상응부(相應部, Saṃyutta nikāya)
　　　　　　　├─ 증지부(增支部, Aṅguttara nikāya)
　　　　　　　└─ 소부(小部, Khuddaka nikāya)

이상의 5부 가운데서 장부·중부·상응부·증지부의 4부는 한역 4종류의 『아함경』에 대응되는 것이고, '소부'는 한역아함에는 포함되어 있지 않다.

'장부'는 석가모니와 그 제자들의 언행을 모은 긴 경전 34경을 집성한 것이고, '중부'는 중간 정도 길이의 경전 152경을 모은 것이다. 또한 '상응부'는 짧은 경전 2,875경을 내용에 따라 분류한 것이며, '증지부'는 짧은 경전 2,198경을 교법의 수에 따라 정리한 것이다. '소부'는 앞의 4부에 빠진 15경을 집성한 것으로서, 여기에는 유명한 『담마파다(법구경)』, 『숫타니파타』, 『자타카(本生譚)』 등이 실려 있다.

 마지막으로 논장은 석가모니의 교설을 해설한 것으로 7부로 되어 있다.

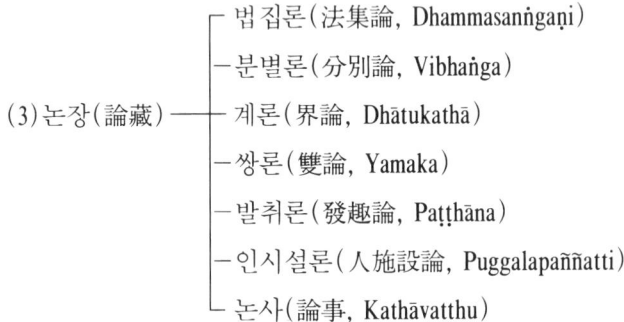

팔리어대장경은 19세기 말에서 20세기 초에 걸쳐 영국의 팔리성전협회(Pāli Text Sodiety)에서 로마 자(字)로 간행하였으며, 일본에서도 1935년에서 1941년까지 '남전(南傳)대장경'이란 이름으로 일본어로 번역·출판하였다.

 2) 티벳대장경

 티벳 어로 번역된 대장경으로서, 내용은 크게 칸귤(Bkaḥ-ḥgyur, 經律)과 탠귤(Bstan-ḥgyur, 論疏)의 2부로 나누어진다. 삼장(三藏)과 비교해 보면 '경장'은 칸귤, '논장'은 탠귤에 포함되지만, '율장'의 경우는 기본 전적은 석가모니의 교설로서 칸귤에 넣고 그 주석류는 탠귤에 소속시키고 있다.

7세기경에 번역을 시작하여 9세기에 대부분이 번역되었으며, 그 후 계속된 번역으로 '티벳대장경'이 성립되었다. 13세기 이후 수차례에 걸쳐 목판본이 출판되었지만 쉽게 입수하기 어려웠다. 그러나 1955년부터 1961년까지 일본에서 '북경판 티벳대장경'을 영인하여 '영인북경판 서장대장경'을 펴낸 이후부터 누구나 쉽게 구할 수 있다.

티벳대장경의 대부분은 산스크리트 문헌에서 번역되었으며, 소수의 팔리성전 번역 외에 한역 및 몽고어·우전어 등의 번역도 포함되어 있다.

인도에서 불교가 멸했기 때문에 인도 후기 불교의 경론은 티벳대장경에만 남아 있는 것이 많으며, 그 점에서 티벳대장경은 불교연구의 귀중한 자료가 되고 있다.

특히 티벳 어 번역은 충실한 직역이기 때문에 티벳 역에서 산스크리트 원전을 복원하기 쉬우며, 따라서 산실된 산스크리트 경론의 연구에는 티벳대장경이 불가결한 자료이다.

3) 한역대장경

한문으로 번역된 불교경전을 통틀어 말하는 것으로서, 인도와 서역의 여러 지방에서 전래된 경·율·논 삼장을 중심으로 중국·한국·일본에서 찬술된 전적까지도 포함하여 편집한 것이다. 대·소승의 삼장이 모두 수록되어 있기 때문에 불교연구의 제1자료로 쓰이고 있으며 분량도 방대하다.

한역대장경에는 팔리어대장경이나 티벳대장경에는 없는 특징이 있다.

그것은 중국인들이 불교를 충분히 이해해서 번역했다는 것과 중국에 경전이 전래된 2세기경부터 천년에 가까운 세월에 이르는 동안의 번역이 그대로의 형태를 유지하고 있으며, 또한 중국인들은 인도불교와는 다른 독자적인 불교를 발전시켰다는 것이다. 이런 의미에서 한역대장경은 불교의 사상적 연구를 위해서는 필수 불가결한 자료인 것이다.

중국에서 처음으로 경전을 번역한 것은 후한(26~220년) 말에 낙양에 들어온 안식국의 안세고(安世高)로 주로 소승경전을 번역했으며, 이어 대월지국의 지루가참(支婁迦讖)이 주로 대승경전을 번역하였다. 이후 번역사업은 점차로 증대해 갔으며, 원대(元代, 1206~1368년)에까지 계속되었다.

대장경은 처음에는 주로 필사본으로 전해졌지만, 송대(宋代) 이후 인쇄기술의 발달에 의해 목판인쇄의 대장경이 간행되었다.

최초의 대장경은 12년에 걸쳐 971년에 완성된 '촉판(蜀版)대장경(혹은 北宋勅版大藏經)'이며, 송대에는 이외에도 1080~1112년에 만들어진 '숭녕만수(崇寧萬壽)대장경', 1112~1151년의 '복주개원사판(福州開元寺版)대장경(혹은 閩本)', 1133년의 '사계장(思溪藏 혹은 宋版)', 1235년의 적사판(磧沙版)대장경'이 있으며, 또한 남송의 도종(度宗) 시대에 개판되어 원나라 시대에 완성된 '보녕사판(普寧寺版)대장경' 등이 있다.

그 후 송판을 모각한 '원판(元版)대장경'과 명나라 태조에 의해 개판된 '남경대보은사판(南京大報恩寺版)대장경(혹은 南藏)', 청나라 태종에 의해 개판된 '북경칙판(北京勅版)대장경(혹은 北藏)'이 있다.

중국 이외에도 '거란판'이나 한국의 고려시대에 만들어진 '고려대장경'이 있으며, 일본에서도 '고려대장경'을 저본으로 몇 차례의 개판이 있었다. 현재 '일본교정훈점대장경(혹은 卍字藏經)' 및 '대일본속장경(혹은 卍字續藏經)'을 거쳐 '대정신수대장경'에 이르고 있다.

현재 가장 많이 사용되고 있는 '대정신수대장경'은 기본적으로 '고려대장경'을 저본으로 하고 있지만, 중국의 여러 판과 일본의 사본 등과 대교하여 독자적으로 분류해 만든 것이다.

또한 대만에서는 '불교대장경'이 출판되었으며, 중국에서도 현재 '중화대장경'이 간행 중이다.

제3절 원시불교

1. 원시불교란

　일반적으로 원시불교라 하면 석가모니의 성도에서 시작하여 석가모니 입멸 후 약 100년(일설에는 200년)까지의 불교로, 불교교단이 통일을 유지하여 학파 간의 이설을 포함하지 않은 기본적인 불교를 말한다.
　여기서 입멸 후 약 100년까지라고 기한을 정한 것은, 그때쯤 소위 근본분열이 일어나 그때까지 하나의 형태로 전해 오던 불교교단이 진보파인 대중부와 보수파인 상좌부로 분열되었다고 전해지기 때문에 근본분열이 일어나기 이전의 불교를 '원시불교'라 부르는 것이다. 따라서 자연히 그 이후의 불교는 부파불교가 된다. 학자들 가운데는 원시불교라는 말이 '뒤떨어졌다'고 하는 이미지를 주므로 이것을 피하기 위해 '초기불교'라 부르는 사람도 있다.
　원시불교를 다시 근본불교와 원시불교로 나누는 학자도 있다. 이 경우 근본불교라고 하는 것은 석가모니 및 석가모니 직제자 시대의 불교를 의미하는 것으로서, 대체로 석가모니 입멸 후 30년경쯤의 불교를 말한다고 되어 있지만, 이러한 구별은 그렇게 중요한 의미를 지닌다고는 생각되지 않는다.
　왜냐하면 근본불교와 원시불교의 구별은 원시불교와 부파불교의 구별처럼 그렇게 명확히 구별할 수 없기 때문이다. 그러므로 여기서는 부파불교가 일어나기 전까지의 불교를 통틀어서 원시불교라 하기로 한다.

2. 원시불교의 자료

고대 인도 아리아 민족의 말을 산스크리트(Sanskrit)라 한다. 이 말은 최고(最古)의 『리그베다』에 사용된 베다 어와 유사하며, 여기에는 '순수·완전하고' 방언에 비해 '세련된 말'이라는 의미가 들어 있다. 산스크리트를 중국에서는 최고신인 범천이 만든 말이라고 하는 의미에서 범어(梵語)라 한다.

인도·유럽 어족에 속하는 산스크리트는 기원전 400년경에 문법학자 파니니에 의해 완벽한 문법서가 만들어졌으며, 이후 인도의 표준어로서 현재까지 이르고 있다.

표준어인 산스크리트에 대해, 속어 내지 방언을 '프라크리타'라 하며, 여기에는 마가다 어나 팔리 어 등이 속한다. 한편 산스크리트에서 파생한 아파브란샤 어에서 현재의 힌디 어나 벵골 어 등이 생겨 났으며, 인도에서는 이외에도 선주민의 언어인 드라비다 어 계통, 샘 어 계통 등이 있으며, 지역적으로 다르다.

석가모니의 활동범위에서 추정해 볼 때, 석가모니와 그 제자들은 마가다 어를 사용했다고 생각되지만 현재 마가다 어로 된 문헌이 전해지지 않기 때문에 확실한 것은 알 수 없다. 그러나 대체로 불멸 후 최초의 결집까지는 마가다 어가 사용되었다고 생각되며, 그 후 불제자들이 타지방으로 포교를 나섬으로써 팔리 어 혹은 산스크리트로 바뀌었다고 추정되고 있다.

팔리 어 문헌은 아쇼카 왕(재위 기원전 268~전 232년경) 시대에 스리랑카에 전해져 후에 동남아시아 전역에 퍼졌으며, 현재도 그대로 통용되고 있다. 남방불교권에서는 각국의 언어가 달라, 스리랑카의 신할리즈 어는 인도 계통, 미얀마는 티벳 어 계통, 타이는 중국어 계통 등, 전혀 다른 언어를 사용하고 있지만, 불교용어로서 팔리 어가 공통어로 사용되고 있는 것만은 변함이 없다.

원시불교의 교리는 삼장(三藏) 가운데 경장(經藏)과 율장(律藏)에 설해져 있지만, 이것들은 모두 분열한 부파교단에 의해 개별적으로 전해진 것이기 때문에 현재 남아 있는 것은 모두 부파불교적(소위 소승불교적)으로 개변·부가된 것뿐으로, 분열 이전의 원시적인 경장이나 율장은 현존하지 않는다. 그렇다고 원시불교 시대의 교리를 전혀 알 수 없는 것은 아니다.

석가모니가 설한 가르침은 그가 입멸한 후 얼마 안 되어 행해진 소위 '제1결집' 때 어느 정도 편집·정리되었으며, 이것이 후에 점차 정비되어 현재의 경장과 율장이 되었다.

다시 말하면 오늘날 원시불교의 기본교리로 인정하고 있는 '삼법인(三法印)' '사성제(四聖諦)' 등의 여러 교리나 계율규정은 모두 원시불교 시대에 서서히 체계화되어 부파교단에 의해 해석되고 전승된 것이다. 그러므로 현재 남아 있는 남방 상좌부의 팔리 어 문헌과 한역된 약간의 부파경전을 비교·검토하여 각 자료 간에 공통되는 부분을 가려 내어 거기서 추출된 내용에 의해 원시불교의 교리나 실천내용을 고찰할 수 있는 것이다.

또한 경장이 현재의 형태로 집성되기 훨씬 이전부터 단행본으로 이미 성립되어 있던, 주로 운문으로 쓰여진 가장 오래된 경전들,

예를 들면 『숫타니파타』를 위시하여 『자타카』, 『담마파다』 등에서 불교 최초기의 모습을 엿볼 수 있다.

1) 아함경의 초기형태

경장에 포함되어 있는 원시불교 경전 가운데 한문으로 된 경전을 총칭해서 『아함경(阿含經)』이라 부르고, 팔리 어경전을 『니카야(Nikāya)』라 부른다.

'아함'이란 아가마(Āgama)의 음을 따서 읽은 것으로, 전승되어 온 가르침이란 의미다. 따라서 『아함경』이란 석가모니의 설법을 전승한 권위 있는 경전을 말한다. 한편 '니카야'란 '부(部)'를 의미한다. 현재 4종류의 아함과 5종류의 니카야로 분류되고 있다.

『아함경』은 석가모니가 성도하신 이후 45년 동안 많은 사람들에게 설한 가르침을 전한 것이다. 그러나 『아함경』이 석가모니의 설법을 전하는 것이기는 하지만, 그것은 어디까지나 제자들의 기억이나 이해를 섞어서 편집한 것이다. 또한 수백 년간 말로 전해져 내려오는 사이에 의식적 혹은 무의식적으로 개변되었을 가능성도 있다.

따라서 현존의 『아함경』은 석가모니나 초기불교의 가르침을 전하는 유일한 경전이면서도 결코 원형 그대로는 아니므로 자료의 취급에서는 당연히 충분한 문헌학적 고증이 필요하다.

그러나 현존하는 여러 계통의 『아함경』이 석가모니의 가르침 그대로라고는 할 수 없다 하더라도 석가모니의 가르침을 가장 진실에 가깝게 전해 주는 것이므로, 여기서 우리들은 역사적인 석가모니의 언행의 흔적을 발견할 수 있다. 뿐만 아니라, 석가모니의 사상을 알고 석가모니의 정신에 접할 수 있는 것이다.

『아함경』의 가장 오래된 편집형태로는 다음과 같은 십이분교(十二分敎, 十二部經) 혹은 구분교(九分敎, 九部經)가 있다.

(1) 수트라(sūtra, 修多羅;經・契經) : 부처님의 설법을 간결한 산문(散文)으로 정리한 것.

(2) 게야(geya, 祇夜;應頌・重頌) : 수트라를 다시 게송(偈頌)으로 재차 설한 것.

(3) 비야카라나(vyākaraṇa, 和伽羅那;授記・記別) : 제자의 물음에 대해, 혹은 미래에 대해 수기(授記)한 것.

(4) 가타(gāthā, 伽陀;頌・諷頌) : 가르침을 게송으로 나타낸 것.

(5) 우다나(udāna, 優陀那;自說) : 부처님이 괴롭거나 즐거울 때 스스로 설한 것.

(6) 니다나(nidāna, 尼陀那;緣起・因緣) : 경이나 율에 설하게 된 연유를 밝힌 것.

(7) 아바다나(avadāna, 阿波陀那;譬喩) : 부처님 이외의 인물을 주인공으로 한 과거세 이야기.

(8) 이티브릿타카(itivṛttaka, 伊帝目多伽;如是語) : '이와 같이 세존은 설하셨다'고 하는 말로 시작되는 것. '이티브릿타카'를 본사(本事)라 번역하여 과거세 이야기의 일종으로 삼는 전승도 있다.

(9) 자타카(jātaka, 闍陀伽;本生譚) : 부처님의 전생 이야기.

(10) 바이풀리아(vaipulya, 毘佛略;方廣・方等) : 깊고 깊은 법을 널리 설한 것.

(11) 아드부타다르마(adbhutadharma, 阿浮陀達磨;希法・未曾有法) : 부처님이나 제자들의 최대 공덕을 설한 것.

(12) 우파데샤(upadeśa, 優婆提舍;論議) : 부처님의 가르침을 해

설한 것.

구분교(九分敎)는 이것에서 (6)(7)(12)를 제외하거나 혹은 (6) 대신에 (5)나 (9)나 (11)을 제외한 것을 말한다. 이것들은 현존의 『아함경』과 같이 여러 종류로 구별되기 이전, 즉 불교경전이 문자화되기 이전의 형태로서, 제1결집이나 제2결집의 형태였을 것이라 추정된다.

2) 4아함과 5니카야

현존의 『아함경』은 형식이나 내용에 따라 대체로 다음의 네 그룹, 즉 (1)긴 경(經), (2)중간 경, (3)짧은 경, (4)사제(四諦)나 팔정도(八正道)와 같이 법수(法數)와 관계 있는 경, (5)이상에서 빠진 15종류의 경으로 분류되어 있다.

팔리 5부	한역 4아함
(1) 디가니카야(Dīgha nikāya, 長部)	장아함경(長阿含經)
(2) 맛지마니카야(Majjhima nikāya, 中部)	중아함경(中阿含經)
(3) 상윳타니카야(Saṃyutta nikāya, 相應部)	잡아함경(雜阿含經)
(4) 앙굿타라니카야(Aṅguttara nikāya, 增支部)	증일아함경(增壹阿含經)
(5) 쿳다카니카야(Khuddaka nikāya, 小部)	

(5)의 『소부』를 일부에서는 잡장(雜藏)이라 부르기도 한다. 팔리 5부는 상좌부에 속하고, 한역 4아함은 그 원전을 전한 부파나 번역자·번역장소는 다르지만 대체로 5세기 초까지는 모두 성립되었다. 한역에는 위의 것 외에도 부분적이면서 별역(別譯)이 있으며,

또한 위의 그룹에 포함되지 않은 독립된 단경(單經)도 적지 않다.

『소부』를 제외한 팔리 4부와 한역 4아함은 개략적인 내용은 대체로 일치하지만 세부적으로는 상당히 차이가 많으며, 양자의 공통된 부분은 그 원형이 대체로 부파의 분열 이전에 성립된 것으로 간주되고 있다.

『소부』 가운데 우리에게 잘 알려진 『숫타니파타(Suttanipāta, 經集)』와 『담마파다(Dhammapada, 法句經)』는 가장 오래된 경전으로서 중요하며, 『우다나(Udāna, 自說, 感興偈)』, 『이티브릿타카(Itivṛttaka, 本事, 如是語)』, 『테라가타(Theragāthā, 長老偈)』, 『테리가타(Therigāthā, 長老尼偈)』, 『자타카(Jātaka, 本生譚)』도 소홀히 할 수 없다.

이상의 자료 외에도, 소위 실크로드의 각지에서 발견·발굴된 여러 문헌이 있으며, 혹은 티벳 어역 등 그 밖의 것이 있다.

참고로 초기경전은 ①운문 즉 시(詩)로 된 것, ②산문과 운문이 섞여 있는 것, ③산문으로만 된 것의 3종류로 나누며, 현재 학계에서는 대체로 운문이 오래된 것이고, 산문은 후에 부가된 것이라고 추정하고 있다.

3. 원시불교의 교리

1) 석가모니의 기본적 입장

대기설법

팔리 5부와 한역 4아함에 의하면, 석가모니로부터 시작되는 초기불교의 기본적 입장은 이후의 불교 전체를 통해서도 그대로 일관된다.

초기경전에 나타나는 석가모니의 교설은 석가모니 쪽에서의 일방적인 제시는 거의 없으며, 대부분 석가모니를 방문한 사람들의 물음에 대해 답하는 형식을 취하고 있다.

한편 그 대답에 있어서는, 사람들의 물음은 각양각색이지만 석가모니는 언제나 그들의 능력에 맞게 적절한 비유를 섞어 가면서, 또한 세간적 입장과 출세간적 입장을 엄밀히 구분하여 답하였다.

이와 같이 가르침을 받는 자의 능력(이것을 機라 한다)에 따라 설법하는 석가모니의 설법방식을 대기설법(對機說法)이라 한다. 부처님의 가르침에 '팔만사천의 법문'이 있다고 하는 것은 바로 이 대기설법에 의하기 때문이다.

현실중시

또한 석가모니는 묻는 사람의 현실적 고뇌가 치유될 수 있는 직접적인 방법이나 대책을 설하는 것이 아니라, 그 고뇌에 대처해 가는 현실적 태도에 관한 해답을 주었다.

그러므로 석가모니의 대답에는 베다성전이나 바라문교에서 설하는 것과 같은, 인간의 힘을 초월한 신(神)이나 기도, 주술에 의한 불가사의하고 초자연적인 힘 같은 것은 일체 등장하지 않았으며, 오히려 이들을 배격하였다.

예를 들면, 석가모니는 당시 철학자나 종교가들의 운명관을 숙명론·신의론(神意論)·우연론의 3가지로 분류하고, 이들을 모두 잘못되었다고 비판하였다.

첫째로 숙명론이란 우리들 자신이 과거세에 행한 선악 등의 행위가 모두 현세의 행복이나 불행의 원인이 된다는 것으로서, 현세의 운명은 우리들이 이 세상에 태어날 때에 이미 예정되고 결정되어 있다고 하는 것이다.

이것은 현세의 길흉화복이 모두 전세 업의 결과이며, 현세의 행위는 현세 운명을 변화시키는 일 없이 모두 내세 운명의 원인이 된다고 하는 결정설이다.

이에 대해 석가모니는 현세의 운명은 필연적으로 결정되어 있는 것이 아니라고 하였다. 전세의 선악업이 현세 운명에 영향을 끼치는 것이 사실이라 하더라도 그것만이 아니라, 현세에 있어서 우리들의 자유의사에 의한 선악행위나 노력 여하에 따라 현세 운명을 변화시킬 수 있다는 것이다.

만약 자신의 운명이 태어나면서부터 결정되어 있다고 한다면, 그 사람의 자유의사나 노력이 비집고 들어갈 여지가 없다. 따라서 수행에 의해 현세에서 고통을 해결하고 생사의 윤회를 벗어나 열반에 도달한다고 하는 것도 불가능하며 수행의 노력도 무의미한 것이 된다.

그러므로 고정된 사물이나 고정된 상태의 존재를 부정하는 무아설의 입장에 선 석가모니는 이와 같은 결정적 숙명론은 올바른 업보설이 아니라 하여 배제하였다.

둘째로 신의론(神意論)이란 인간의 길흉화복의 운명은 모두 우주나 인간을 창조하고 지배하는 최고신인 범천이나 자재천이 만드는 것이라고 하는 정통바라문의 설이다.

이것은 인간의 모든 운명은 신의 의사에 따른다고 하는 것으로서, 여기서 인간의 자유의사는 전혀 인정되지 않고, 다만 신의 노여움을 진정시키고 신의 의사를 받아들이기 위해 신에게 공물을 바치는 것만이 운명개척의 유일한 방법이라는 것이다.

더구나 당시 바라문의 제사장들은 사리사욕을 위해 제사나 기도 때에는 그 소원에 따라 공물의 종류나 수량을 정해 주고 정해진 양의 물건을 바치지 않으면 효과가 없다고 했다 한다. 말하자면 교환 조건에 의한 제사나 기도였던 것이다.

최고신의 존재를 인정하지 않는 불교에서는 이론적인 면에서나 실제적인 면에서 신을 부정하는 것은 말할 필요도 없다.

셋째로 우연론이란 인간의 운명은 태어나면서부터 결정되어 있거나 신의 의사에 따른다는 것이 아니라, 태어난 후 순간순간 일어나는 우연한 기회에 돌발적으로 결정되는 것이므로 그 기회를 놓치지 말고 잘 이용하는 것이 행복에 이르는 유일한 방법이라고 하는 것이다.

이것은 우연한 기회를 포착하여 행운을 놓치지 않으려고 하는 찰나적 향락주의라고도 할 수 있다. 여기서도 주체적인 의사의 자유가 없고 합리적인 이상을 구하는 일도 없으며, 사회인생의 법칙인 인과나 연기의 도리를 전혀 인정하지 않았기 때문에 석가모니가 이것을 배제한 것은 당연하였다.

결국 석가모니는 우리들 운명이 예정적으로 고정되어 있거나, 절대자의 의사에 따라 좌우된다거나 무궤도적인 것이 아니라, 반드시 인과나 연기의 도리에 따라 작용하는 것이라 하였다.

더구나 인과 연의 배합방식에 따라 이렇게도 저렇게도 될 수 있으므로 우리들의 자유의지나 노력에 의해 운명을 개변하고 개척할 수 있는 여지가 있다고 하는 것이다. 여기에 교육이나 도덕·종교의 존재 의의가 있는 것이다.

또한 석가모니는 여러 가지 미신적 행위에 대해서도 엄격히 금했다. 예를 들어, 개 흉내를 내며 생활하는 구계(狗戒), 코끼리가 사는 초원에서 생활하는 상계(象戒), 소나 말의 흉내를 내는 우계(牛戒)나 마계(馬戒) 등이 있었는데, 이와 같은 계를 지키면서 천국에 태어나기를 서원하면 내생에는 반드시 천국에 태어나 복되고 안락한 생활을 할 수 있다고 믿는 사람들이 있었다. 석가모니는 이러한 행위를 불합리한 미신이라 간주하여 축생의 흉내를 내면 축생으로 태어날 것이라는 비난을 하였다.

마찬가지로 천국에 태어나기를 원해 나체로 수행하거나 단식을 하는 자도 있었으며, 땅에 누워 진흙을 몸에 바르거나 혹은 신성한 강물에 목욕을 하면 모든 죄를 면하여 사후에는 반드시 천국에 태어난다고 생각하는 사람도 있었다.

석가모니는 이러한 행위에 대해서도 정신적인 죄나 더러움을 물이나 진흙 등으로 깨끗이 정화한다고 하는 것은 불합리하다고 하였다. 그러므로 만일 강물에 의해 죄가 없어진다고 한다면 강을 집으로 삼고 있는 물고기나 거북은 인간보다 훨씬 먼저 천국에 태어날 것이 아니냐고 비난하였다.

이외에도 방위나 일시(日時)에 의해 길흉이 정해진다고 하는 생각도 널리 행해졌으며, 식사 · 대소변 · 주거 · 여행, 그 외 일상생활의 여러 가지 면에서도 금해야 할 사항들이 상세히 규정되어 있었다. 그러나 이것도 미신적인 불합리를 포함하고 있다 하여 배제하였다.

후세의 불교경전에서 설하는 갖가지 신통(神通)을 위시하여 불멸 후 점차로 증가하여 원시경전에도 보이는 초인화 · 신격화된 석가모니상은 상상력이 풍부한 인도인들에 의해 부가되고 장식된 산물에 지나지 않으며, 그러한 일체의 허식을 제거한다 하더라도 석가모니의 위대함에는 조금도 손상이 없는 것이다.

원시불교 경전에는 이와 같은 허구는 일체 언급하지 않고, 석가모니가 보통으로 생활하는 현실의 인물과 다름없이 행동하고 말하는 모습을 그리고 있다. 또한 제자나 신자들의 물음도 이 현실에서 일어나는 문제이고, 대답도 이 현실에 즉해서 주어졌으므로 시종일관 이 현실에 즉하여, 현실 문제를 해결하려 하였다.

그러므로 석가모니 나아가 불교는, 항상 이 현실을 직시하고 응시하여 문답도 설법도 현실에서 떠나지 않는다고 하는 입장에 근거하고 있으므로, 원시불교의 기본입장은 현실중시에 있다고 말할 수 있다.

이 현실중시는, 소위 공리(功利)주의나 찰나주의와 연결되는 현실주의가 아니며, 또한 일상의 비속한 현실에 깊숙히 파고들어 그 충족에 빠져 어떠한 목표나 이상도 없이 안이하게 마음대로 살아가는 현실주의도 아니다.

한마디로 초기불교의 현실중시 사상은 스스로 편협되어 남으로부터 부정적으로만 평가되는 현실중시가 아니라, 그것과는 정반대인 훨씬 긍정적인 현실중시라 할 수 있다.

현세를 살아가고 있는 인간은 갖가지 고(苦)을 안고 있다. 그러나 불교가 설하는 현실중시는 이 '고'를 있는 그대로 응시하여 그것을 소멸하여 이 현실세계에서 그 초극을 실현하려고 하는 것이며, 나아가 이상의 경지인 열반(혹은 해탈), 즉 완전한 자유를 이 현실에서 획득하려고 하는 것이다.

그러므로 이 현실중시는 그것을 목표로 노력·정진하고, 그 과정에서 생기는 갖가지 집착으로부터 해방을 강조하며 실현하려고 한다.

형이상학의 지양

그러나 이러한 현실중시의 기본적 입장에는 쉽게 회피하기 어려운 난문제가 있다. 그것은 소위, 형이상학적 문제에 관한 것으로서, 이것은 석가모니 당시의 인도에서도 육십이견(六十二見)이라 불릴 정도로 다채롭게 제기되었으며, 그 후로도 끊임없이 제기된 전인류 공통의 테마이기도 하다.

팔리 5부와 한역 4아함으로 된 초기불교 경전은 이 문제에 대해 다음의 14(혹은 10)가지로 정리하고, 이것을 14개의 난문제라 하여 십사난(十四難) 혹은 십난(十難)이라 표현하고 있다.

A. (1) 세계는 상주(常住 ; 시간적으로 무한 것)인가,
　　(2) 세계는 무상(無常 ; 시간적으로 유한 것)인가,
　　(3) 세계는 상주이면서 무상인가,
　　(4) 세계는 상주도 아니고 무상도 아닌가,

B. (5) 세계는 유변(有邊 ; 공간적으로 유한 것)인가,
　　(6) 세계는 무변(無邊 ; 공간적으로 무한 것)인가,
　　(7) 세계는 유변이면서 무변인가,
　　(8) 세계는 유변도 아니고 무변도 아닌가,

C. (9) 신체와 영혼은 동일한가,
　　(10) 신체와 영혼은 다른가,

D. 여래(如來 ; 진리의 달성자)는 사후에
　　(11) 유(有 ; 존재하는 것)인가,
　　(12) 무(無 ; 존재하지 않는 것)인가,
　　(13) 유이면서 무인가,
　　(14) 유도 아니고 무도 아닌가,

'십난'이란 이 가운데 (3), (4), (7), (8)을 제외한 경우를 말한

다. 또한 문헌에 따라서는 (1)~(8)까지의 '세계'를 '세계 및 아 (我)'라 하는 것도 있다.

　이 십사난(혹은 십난)의 물음에 대해 석가모니는 언제나 침묵 (無記)으로 일관했다. 어떠한 비방이나 중상 등이 있어도 석가모니는 그에 응하지 않고 어디까지나 침묵을 지킨 채 아무런 대답도 하지 않았다. 이것을 십사난무기(十四難無記) 혹은 십난무기(十難無記)라 한다.

　왜 대답하지 않았는가? 그것은 이들 난문제가 모두 형이상학과 관계되거나 형이상학을 향한 지향 내지는 관심에 근거한 문제였기 때문에 이것에 답하는 것은 인생문제의 해결에 아무런 도움을 주지 못한다고 생각하여, 긍정도 부정도 하지 않고 침묵으로 일관했던 것이다.

　만일 위의 십사난(혹은 십난)의 어느 하나에 대답했다고 하더라도 그 내용 여하에 상관없이, 대답한다고 하는 것은 이미 형이상학에 발을 들여놓는 것이기 때문에 현실과 유리된 희론에 빠져 현실 중시에 어긋나기 때문이다.

　당시에는 이러한 난문(難問)이 상당히 빈번히 일어났던 것 같다. 석가모니 당시 인도에서는 본체론으로서 일원론·이원론·다원론 등이 있었다.

　본체론이란, 우리 주위에 있는 모든 존재가 시간과 공간의 제약을 받으면서 항상 생멸변화하는 현상이지만, 이 현상의 이면에 생멸변화하지 않는, 즉 시간과 공간을 초월한 영원불멸의 실체가 존재한다고 간주하는 이론이다. 이 불변의 실체를 '본체'라 한다.

　그러므로 현상의 이면에 있는 불변의 본체를 마음(心 ; 정신적 작용)이라고 보는 유심론(唯心論)과 물질이라고 보는 유물론(唯

物論), 물질과 마음 두 가지 모두 다라고 보는 물심이원론(物心二元論), 물질이나 마음 외에 다른 무엇이 다수 존재한다고 보는 다원론(多元論)이 당시 인도에서 성행하였다.

예를 들면 일원론 가운데는 ①우주 불변의 근본원리로서 전체적인 '범(梵, 브라흐만)'과 개별적인 '아(我, 아트만)'를 설하여 '범'과 '아'는 하나라고 하는 범아일여(梵我一如)의 이론파와, ②우주를 창조하고 지배하는 유일의 최고신을 변하지 않는 실체의 존재라고 하는 실제파가 있었다.

또한 이원론으로는 정신적 원리로서의 신아(神我, 푸루샤)와 물질적 원리로서의 자성(自性, 프라크리티), 혹은 제1원인(프라다나)을 설하였는데, 수론파(數論派, 상캬)와 유가파(瑜伽派, 요가)가 대표적이었다. 석가모니가 수행하던 시절에 선정을 배운 두 사람의 선인(仙人)은 이 계통에 속했다고 한다.

마지막으로 다원론은 물질원리로서 지·수·화·풍 4개의 본체와 이것에 공간을 더하거나, 정신적 원리인 영혼·의지 등을 더하여 이것을 모두 불변의 실체로 보는 것이다.

석가모니 시대 육사외도라고 불린 자유사상가들은 불변의 실체를 7요소설, 5요소설로 간주하거나 혹은 정신적 실체의 존재를 인정하지 않고 유물론·다원론만을 제시하는 자도 있었으며, 본체에 관해 회의설(不可知說)을 주장하는 자도 있었다. 석가모니가 수행하던 때에 6년간 실천하다가 그만 두었던 고행은 물심다원론(物心多元論)에 속하는 사문의 수행법이었다.

이와 같이 석가모니 당시 여러 가지 본체론이 제기되고 있었지만, 불교에서는 위에서 설명한 바와 같이 본체를 문제로 삼는 것을 금하고 있었다.

왜냐하면, 현상의 이면에 내재해 있는 영원불변한 실체는 시간과 공간을 초월한 것으로 간주되지만, 시간과 공간의 제약을 받고 있는 현상계 속에서 생존하는 우리들은 시간과 공간을 초월한 존재를 인식하고 논증할 수 없기 때문이다.

우리의 인식경험은 모두 감각이나 지각에 의해서만이 얻어지는 것인데, 이 감각이나 지각의 범위는 현상계뿐이다. 가령 시간과 공간을 초월한 본체가 존재한다고 하더라도 그것은 우리의 인식능력 범위 밖이다. 따라서 본체가 존재하든 존재하지 않든, 또한 그것이 어떤 성질의 것이든 상관없이 우리들은 그것을 절대로 인식하고 판단할 수 없는 것이다.

그러므로 석가모니는 초경험적 그 무엇을 판단하거나 설명한다는 것은 불가능한 것이므로 결코 문제로 삼아서는 안 된다고 하여 무기(無記)로써 답하였던 것이다.

만일 본체가 인식되고 그 존재가 논증된다고 하더라도 본체는 현상 밖에 있는 것이기 때문에, 현상 안에만 존재하고 있는 우리와는 아무런 관계가 없다는 것이다. 우리들이 고뇌하거나 미망의 세계를 떠나 깨달음에 이른다거나 하는 것은 모두 현상계의 일로 본체계와는 상관이 없다.

결국 고통과 행복, 어리석음과 깨달음 등을 설하는 종교의 이론이나 실천에 대해 본체론은 아무런 도움도 되지 않기 때문에 본체를 문제시해서는 안 되는 것이다.

본체론에 대한 마지막 견해로 본체론 외에 본체론을 의심하는 회의설이 있었다.

회의설은 본체적 존재를 올바로 파악했다면 동일한 결론에 도달해야만 하는데, 같은 본체에 대해 일원·이원·다원 등 여러 가지

설이 생긴다는 것은 본체를 올바로 파악하지 못했기 때문이라고 한다. 따라서 그러한 여러 가지 본체론은 절대 진리라 할 수 없으며, 모두 의심스러운 것이다. 또한 절대 진리는 알 수 없는 것이라고 한다.

회의설을 주장하는 사람들은 여러 가지 본체론에 대해 '일체를 인정하지 않는다' '모든 것은 의심스럽다'라고 주장하였다. 그러나 석가모니는 이러한 주장도 잘못이라고 설하였다.

왜냐하면 모든 것을 의심하게 되면 '일체를 인정하지 않는다'거나, '모든 것은 의심스럽다'고 하는 것과 같은 단정적인 판단도 할 수 없기 때문이다. '인정하지 않는다'거나, '의심스럽다'는 판단은 자기에게 하나의 입장이나 표준이 있어, 그 입장에서 보아 '인정하지 않는다' '의심스럽다'고 하는 판단을 내린 것이기 때문에 그 회의설은 올바른 것이 못된다.

올바른 회의설이라면 모든 것을 의심하기 때문에 어떠한 판단도 내릴 수 없는 것이므로 판단 중지가 되지 않을 수 없다. 여기에 회의설의 모순이 있는 것이다.

독화살의 비유

한편 이러한 형이상학에 관한 질문을 한 사람 가운데는 지식(知)에 의한 해결만을 요구하여, 그렇다면 왜 무기(無記)인가 하는 질문을 계속했다. 그러나 이것에 대해서도 석가모니는 답하지 않고 무기로써 일관했다. 그러나 그 침묵에 대해 집요한 추구가 있으면 석가모니는 드물게 적절한 비유를 들어 답하였다.

그러한 비유에는 여러 가지가 있지만 잘 알려진 독화살의 비유를 들어보면 다음과 같다.

석가모니가 사위성의 기원정사에 있을 때, 말룽카풋타라는 한 바라문 청년이 찾아왔다. 그는 당시 문제가 되고 있던 본체론적인 여러 가지 철학설에 흥미를 가지고 그 해결을 위해 당시 철학자와 종교가를 찾아다녔다. 그렇지만 아무도 만족할 만한 대답을 해주지 않았다.

이에 석가모니라면 해결해 줄 것이라는 기대를 가지고 불교교단에 출가하여 비구가 되었다. 그러나 주위의 비구들은 철학적인 문제를 논하는 일 없이 묵묵히 수행에만 전념하고 있었다.

말룽카풋타는 불만으로 가득 차 만일 철학적인 문제가 해결되지 않으면 교단을 버리고 세속생활로 되돌아갈 생각으로, 어느 날 저녁 석가모니를 찾아가 해답을 구했다.

석가모니는 그에게 "내가 너에게 본체의 문제를 해결해 준다고 하면서 출가하라고 약속한 적이 있는가?"라고 반문했다. 청년이 "없습니다."라고 대답하자, 석가모니는 독화살의 비유를 들어 설하였다.

"만일 어떤 사람이 독을 바른 화살에 맞았다고 하자. 그의 친구나 친척들은 그를 곧바로 의사에게 데리고 가 치료를 받게 하려고 했다. 그런데 화살을 맞은 사람은 자기를 쏜 이가 사성계급 가운데 어느 계급에 속하는 사람인지, 이름은 무엇이고, 신장은 얼마나 되며, 피부색은 어떻고, 출신지는 어디며, 독화살을 쏜 활과 화살, 화살에 붙은 깃, 화살촉 등의 종류가 무엇인지 하나하나 판명되지 않으면 이 독화살을 결코 빼지 않겠다고 우긴다면, 그것들이 판명되기 전에 독은 전신에 퍼져 그 사람은 죽을 것이다."

그와 마찬가지로 말룽카풋타가 본체에 관한 철학적 문제를 해결하지 않고는 불도의 수행에 들어갈 마음이 없다고 우긴다면, 본체론은 해결될 수 없는 문제이기 때문에 수행에 들어갈 기회도 없을 것이며, 윤회를 벗어나 고뇌로부터 해탈을 얻는 일은 절대로 있을 수 없을 것이라고 가르쳤다. 그러자 말룽카풋타는 자신의 생각이 잘못되었음을 알고 고뇌의 해결을 위해 성실히 불도의 수행을 닦았다고 한다.

동서양의 사상사나 철학사에 보이는 바와 같이, 어떤 원리를 탐구하여 궁극에 도달하려고 하는 소위 형이상학적 논의(論議)는 그것에 골몰하는 사람에게는 분명히 흥미 있는 과제일 것이다. 그러나 그것은 대부분의 경우 논쟁을 불러일으키고, 더구나 그 논쟁은 아무리 계속되어도 결론이 내려지지 않기 때문에, 결국은 지(知)를 위한 지(知)의 향연에 지나지 않으며 대부분은 아무런 성과 없이 끝난다. 또한 그것은 현실 그 자체에는 어떠한 도움도 가져오지 않으며, 더구나 실천에서는 훨씬 멀어져 버린다.

참고로 위의 '십사난' 내지 '십난' 가운데 A의 '세계는 시간적으로 무한한가, 유한한가'와 B의 '세계는 공간적으로 유한한가, 무한한가'의 물음은 불교와 전혀 관련이 없는 서양 근대철학의 시조라 불리는 칸트도 취급하였다.

말하자면, 석가모니의 본체론 부정의 입장은 칸트가 그리스 이래 중요한 논제로 되어 온 일원·이원·다원 등 본체를 설하는 형이상학이 감정이나 지성의 저편에 있는 경험논증 불능한 것을 논하는 독단론이기 때문에 철학으로서 채용해서는 안 된다고 하여 본체론을 배제한 것과 비교할 수 있을 것이다.

석가모니의 주의주장

여기서 불교의 현실중시 사상 가운데 당시 석가모니가 내세운 적극적이고 혁신적인 사상, 즉 주의주장을 간추려 보면 대략 다음의 3가지로 요약할 수 있다.

첫째는 출생보다는 행위를 중시했다.

잘 아는 바와 같이, 인도에서는 석가모니 시대 훨씬 이전부터 출생에 의해 결정되는 엄격한 신분제도로서 성직자계급인 브라흐만·왕족이나 무사계급인 크샤트리야·평민계급인 바이샤·노예계급인 수드라의 4계급으로 나누어져 있었으며, 석가모니는 크샤트리야 출신이었다.

이러한 계급제도에 대해 석가모니는, 인간의 귀하고 천함은 출생에 의해 결정되는 것이 아니라 마음가짐이나 선악의 행위에 의해 그 가치가 결정되는 것이라고 밝히고 있다. 『숫타니파타』에 "출생에 의해 천민이 아니며, 출생에 의해 바라문이 아니다. 행위에 의해 천민이 되고, 행위에 의해 바라문이 된다."고 한 것은 바로 이것을 말한다.

또 『앗사라야나경』에서는 석가모니가 바라문의 청년 앗사라야나와 문답하여 바라문 지상주의의 불합리함을 지적하고 있다.

그 예를 들어 보면, 앗사라야나는 "바라문은 4계급 가운데 최고의 계급이며 그 외의 계급은 저급하다. 바라문만이 색이 희고 그 외는 검으며, 바라문만이 청정하고 그 외는 더럽다. 바라문만이 범천의 진정한 아들로서 범천의 입으로 출생하였으며, 범천의 후계자다."라고 주장하였다.

석가모니는 이에 대해 "바라문의 부인도 임신하고 출산하며, 바라문들도 다른 계급과 마찬가지로 모태에서 태어나는데 바라문만이 범천의 진정한 아들로서 범천의 입으로 태어나고, 바라문만이 최고의 계급이라 하는 것은 사리에 어긋나지 않는가?" "바라문만이 강에서 목욕하면 깨끗해지고 다른 계급은 깨끗해지지 않는다는 말인가? 목욕을 하면 모든 계급이 다 깨끗해지는 것이다. 그런데 바라문만이 깨끗해지고 바라문만이 범천의 아들이라고 하는 것은 불합리하지 않는가?"등 여러 가지로 반론하여 바라문 지상주의의 불합리함을 지적하였다.

석가모니는 이와 같이 이치에 맞는 도리로써 전통설의 불합리한 점을 상세히 지적하여, 인간의 계급이나 출생에 의해 차별이 있는 것이 아니라, 어떠한 계급의 사람이라도 계율을 지키고 선(善)을 행하면 누구나 존경받을 가치가 있다는 것을 설하였다.

이와 같이 신분에 의한 가치체계를 부정하고 이전에는 없었던 새로운 가치체계를 수립하게 되었던 것이다.

둘째는 자아의 가치와 존재를 인정하였다.

『아함경』에는 다음과 같은 문답이 있다. 어느 날 30명의 부유한 청년 무리가 여자 도둑에게 도난을 당하여 그 여자 도둑을 찾아 헤매는 데 자신들의 존재를 잊을 정도로 온 정신이 팔려 있었다. 이것을 본 석가모니는 청년들에게 "도망간 여자를 찾는 것과 자기자신을 찾는 것과 어느 쪽이 더 중요한가?"라고 물은 뒤 '자각(自覺)'의 가르침을 설했다고 한다. 이러한 '자각'의 개념은 그 이전까지는 생각지도 못했던 관념인 것이다.

또한 석가모니의 유명한 교설로서 "자귀의 법귀의(自歸依 法歸依)", 즉 "자기자신을 의지처로 삼고, 법을 의지처로 삼으라."는 말이 있다. 이것은 석가모니가 임종에 이르렀을 때 제자들에게 후계자를 지목할 것이라는 기대가 잘못되었다는 것을 깨닫게 한 교설인데, 여기서도 자아의 관념이 잘 나타나 있다.

이상의 두 교설에서 알 수 있는 바와 같이 석가모니는 자아의 가치와 존재를 확실히 인정하고 있는 것이다.

셋째 모든 사람은 평등하다고 주장했다.

이 설법은 불교교단 내에서는 사성계급의 차별 없이 모두가 진리 앞에 평등하다고 하는 석가모니의 교설에서도 잘 나타나 있지만, "천상천하 유아독존(天上天下 唯我獨尊)", 즉 "하늘 위나 하늘 아래에 오직 나 홀로 존귀하다."고 한 말에서도 잘 나타나 있다. 이것은 인간 석가모니가 이 세상의 제일인자임을 강조한 것이 아니라 인간은 누구나 다 귀하고 평등한 존재라는 것을 선언한 것이다.

이상에서 살펴본 출생보다는 행위를 중시하는 사상, 자각의 개념, 인간은 누구나 평등하다는 사상은 석가모니 이전에는 전혀 없었던 관념으로서, 석가모니가 처음으로 설했다는 것에 큰 의의가 있다.

2) 원시불교의 기본교리

제행무상

인도에서는 고대로부터 인간의 존재를 고(苦)라 생각하여, 고뇌의 세계에 살고 있는 자기자신의 해탈을 구하고자 하는 경향이 현저했다. 인도철학파 가운데 유명한 수론(數論)철학은 푸루샤(神我)와 프라크리티(自性)의 구별을 인식함으로써 해탈을 구했고, 베단타철학은 브라흐만과 아트만의 동일함을 인식함으로써, 승론(勝論)철학은 이론적 범주를 인식함으로써 각각 고뇌의 세계로부터 해탈을 꾀하려 하였으며, 이러한 관념은 인도의 모든 형이상학적 사색의 기초를 이루었다.

석가모니의 가르침도 이러한 관념을 떠나서는 이해할 수 없다.

물론 석가모니의 출가동기에 대해서는, 석가모니 개인의 천부적인 종교적 재능이나 석가모니 자신의 어린 시절부터의 생활환경을 무시할 수는 없지만, 브라흐마나 시대부터 우파니샤드 시대에 이르러 극도로 고양된 '고뇌의 세계로부터 해탈'이라고 하는 인도적 관념이 석가모니의 출가에 큰 영향을 미쳤다고 하는 것은 부정할 수 없을 것이다.

석가모니는 이러한 사상을 통해 이 세상의 무상함을 설했다. 가장 오래된 경전인 『숫타니파타』와 『담마파다』에는 무상에 관한 예문이 수없이 많이 나온다. 그 내용은 인간의 필연적인 죽음(死)에 대한 엄숙하고 절실한 아픔과 애석함을 반복적으로 읊조리고 있다. 또한 '태어난 것은 죽어야만 한다는 것' '생명 있는 것은 반드시 죽음으로 끝난다는 것' 등의 '생자필멸' 사상을 반복적으로 제시함으로써 죽음의 불가피함과 잔혹함을 강조함과 동시에 그 한탄스러운 죽음으로부터 탈각할 것을 설하고 있다.

이상은 죽음(死)에 관한 기록이지만, 죽음에 이르기까지의 늙고(老) 병드는 것(病)이나 여러 가지 재앙에 대해서도 거의 마찬가지로 설하고 있다. 더구나 늙고 병들고 죽는 것을 포함한 무상함은 자기 스스로 초래하는 것으로서, 이것은 질그릇이 저절로 깨어지고 철이 녹스는 것과 같다고 설하고 있다.

이러한 내용에 의해서도 알 수 있는 바와 같이, 무상(無常)이란 '항상하는 것이 없다' 즉 '고정불변하는 것이 없다'는 것을 의미한다. 그러므로 불교에서는 이 세상에 존재하는 모든 것(諸行)은 끊임없이 변화해 갈 뿐 영원히 존재하는 것은 아무것도 없다(無常)는 것을 강조하여 이것을 '제행무상(諸行無常)'이라 표현하고, 변할 수 없는 진리로 삼았다.

'제행무상'의 진리는 석가모니 자신이 실제로 체험하고 성찰한 결과에서 나온 것이지만, 일체가 무상하다고 하는 자각에 근거한 체험은 결국 고(苦)로 연결되지 않을 수 없는 것이다.

일체개고

고(苦)란 말은 산스크리트의 '듀카(duḥkha)'에 해당하지만, 그 어원은 분명하지 않다. 원시경전인 『숫타니파타』나 『담마파다』 등에서는 '고'에 관한 예문이 많이 등장한다. 그 내용은 일상의 감각적 고통이나 생리적 고통보다는 심리적 고뇌를 더 많이 역설하고 있다.

그 내용을 요약하여 현대적 의미로 풀이해 보면, '고(苦)란 자기가 생각하는 대로 되지 않는 것'이라고 하는 일단의 정의를 얻을 수 있다. 그러면 '고'가 생기는 원인은 어디에 있을까?

'고'가 생기는 근거를 정리해 보면 대체로 (1)무상(無常)하기 때문에 생기는 것, (2)욕망으로 인한 것, (3)무지(無知)하기 때문에 생기는 것의 3가지로 집약할 수 있다.

(1)무상하기 때문에 생기는 고(苦)로는, 가장 기본적인 원형이 사고(四苦)와 팔고(八苦)다.

'사고' 즉 4가지 고통이란 태어난다(生)고 하는 고통, 늙는다(老)고 하는 고통, 병든다(病)고 하는 고통, 죽는다(死)고 하는 고통의 4가지를 말한다. 앞에서 본 '무상'의 가르침에 의하면, 이 세상에 영원히 존재하는 것은 아무것도 없기 때문에 '생자필멸'의 이치에 따라 태어나면 죽는 것은 당연한 것이다. 그런데도 인간은 죽지 않고 영원히 살기를 바라기 때문에 고통이 생기는 것이다.

여기서 태어나는 것이 고통이라고 하는 이유는, 태어나면 당연히 늙고 병들어 죽는다는 것을 전제로 하기 때문에 태어나는 것도 고통의 연장선상에 있다고 보는 것이다.

'팔고' 즉 8가지의 고통이란, 위에서 말한 4가지 고통에, 미워하는 사람과 만나는 고통인 '원증회고(怨憎會苦)', 사랑하는 사람과 헤어지는 고통인 '애별리고(愛別離苦)', 가지고 싶어도 가질 수 없는 고통인 '구부득고(求不得苦)', 인간 존재를 구성하는 색・수・상・행・식의 '오온'에 집착하기 때문에 생기는 심신의 고통인 '오온성고(五蘊盛苦)'를 더한 것이다.

이러한 고통들은 우리의 생활에서 피하려고 해도 피할 수 없는 참으로 역설적인 현실의 모습으로서, 이것은 그대로 '고'로 귀결되는 것이다.

(2) 욕망으로 인한 '고'는 넓은 의미에서 '무상하기 때문에 생기는 고'에 포함되지만, '고'의 성격을 좀더 명확히 밝히기 위해 따로 분류한 것이다.

'욕망으로 인한 고'는 탐욕・애착・번뇌 등을 들 수 있다. 생명이 있는 것은 모두 어떤 형태로든 욕망을 가지고 있으며, 그 욕망에 의해 움직이고 살아가는 것이다. 그런데 욕망은 본래 그 충족을 목적으로 하며, 그것은 반드시 그 목적을 향해 나아간다.

이렇게 어떤 목표를 향해 달려간 욕망은 그 욕망이 충족되는 순간 저절로 소멸된다. 다시 말하면 아무리 강렬하고 깊이 추구했던 욕망이라도 그것이 달성된 그 시점에서 그 욕망은 저절로 무(無)로 되어 이미 존재하지 않는다.

그런데 이 욕망의 무화(無化)는 결코 타인에 의해 이루어지는 것이 아니라, 욕망 그 스스로 생하고 스스로 부정한다. 그러므로 욕망 그 자체는 분명히 자기부정적이며 더구나 자기모순적이라 할 수 있다. 이렇게 하나의 욕망이 성취되면 또 다른 욕망이 생겨난다. 이것이 욕망의 본질이므로 흔히 '욕망은 한이 없다'고 하는 것이다.

그런데 욕망은 언제나 달성되는 것은 아니다. 오히려 이루어지지 않는 경우가 더 많다. 밖으로 구하는 욕망이든 안으로 향한 욕망이든, 그것이 달성되든 실패로 끝나든, 욕망이 있는 한 자기부정과 자기모순은 언제나 계속된다. 이리하여 자기가 생각하는 대로 되지 않는 한 '고'는 끊어지지 않는 것이다.

더구나 욕망은 개인에 따라 다르기 때문에 '고'도 개인에 따라 다르며, 각 개인 스스로 욕망을 만들어 추구하는 것처럼 '고'도 각 개인 스스로 낳아 또한 개인 스스로 담당하는 것이다. 이 '고'가 이끄는 욕망을 불교에서는 '번뇌'라 하고, 무수히 많은 번뇌를 총칭하여 '백팔번뇌'라 한다.

(3) 무지(無知)하기 때문에 생기는 고(苦)로는, 무명(無明)·어리석음·우둔함·미망(迷妄) 등을 들 수 있다. 무지는 일반적으로 어떤 것을 알지 못한다고 하는 의미로 지식의 결여(缺如)를 말한다. 그러나 여기서 말하는 무지는 생명 있는 것, 특히 지(知)를 하나의 특성으로 삼고 있는 인간에게 있어서 그 본래적인 무지를 말한다.

지(知)는 그 성격상 어디까지나 알려고 하는 작용이 있다. 일반적으로 '지'라 부르는 작용의 내용은 대상에 관한 '지'로서, 대상 즉 외부로 향한 '지'는 외부인 대상을 분명히 밝혀 '지'에 담는다. 이 성과와 동시에 '지'가 증가하면 할수록 도리어 무지의 부분이 판명되고, 이것에 의해 '지'는 더욱 활기를 얻어 '지'의 대상을 증대시켜 '지'는 외부로 향하여 끝없이 진행하려 한다.

그런데 그 '지'의 외부인 대상은 실은 모두 그 '지' 스스로가 투영한 일종의 영상에 지나지 않는다. 오온설(五蘊說)에서 설하는 바와 같이, 대상(對象)은 반드시 이미지(表象)를 통해 인식되며, '지'는 그 모든 인식에 근거한다. 그러나 그것을 행하고 있는 '지' 그 자체에 대해서는 어떠한 것도 알 수 없다. 완전히 무지(無知)라고 할 수밖에 없다.

표현을 바꾸어 말하면, '지'의 목표는 진리라고 하지만 진리는 결코 알 수 없다. 알 수 없기 때문에 또한 '지'의 작용은 무한히 진행하여 그치는 일이 없으며 끝내 알 수 없는 것이다. 여기에 본래적인 무지라고 하는 '지'의 자기부정과 자기모순이 노출되는 것이다. 그러므로 이 무지를 후세에서는 '무시(無始)의 무명(無明)'이라 하였다.

'한치 앞도 모른다'라는 말은 바로 이러한 무지에서 연유된 말로서, 우리는 자신이나 자신을 둘러싼 세계의 극히 한치 앞을 타인은 물론 자기자신도 알 수 없다. 극단적인 예로 자신이 죽는다는 것은 누구나 다 아는 사실이지만 자신이 언제 어떻게 죽을지는 모른다. 그러므로 이러한 본래적 무지는 필연적으로 고(苦)로 직결되는 것이다.

이상의 설명에서 알 수 있는 바와 같이 '고'는 생명 있는 것, 특히 인간에게 불가피한 필연적인 모습이므로, 불교에서는 '존재하는 모든 것은 고통'이라는 '일체개고(一切皆苦)'를 움직일 수 없는 진리라 하였다.

제법무아

생·노·병·사를 피할 수 없다는 것은 누구나 잘 아는 사실이다. 그러나 사람들은 그것에 직면하기 전까지는 그것을 그렇게 깊이 생각하지 않는다. 그러므로 인간은 죽지 않고 영원히 살기를 바라고, 모든 것을 자기 마음대로 하려고 한다.

그러나 현실의 존재는 무상하여 모든 존재는 끊임없이 변화를 계속하고 있기 때문에 누구라도 '나'라든가 '내 것'이라 생각하여 집착해서는 안 되는 것이다. 이에 불교에서는 절대적 원리 아트만을 우리의 자아로 간주하는 우파니샤드의 교설을 부정하고 '무아(無我)'를 설하였다.

무아(無我)란 '내가 없다' '주체가 없다' '영혼이 없다' 등 여러 가지로 해석할 수 있지만 일반적으로 '내가 아니다' '진실한 나의 모습이 아니다'로 해석되고 있다.

그 이유는 다음에 설명하는 '오온설'에서 알 수 있는 것과 같이, 현실의 우리는 오온(五蘊)이라는 5개 요소의 집합체에 지나지 않으므로 이 요소의 결합관계가 흩어져 버리면 우리의 존재도 없어져 버린다. 그러므로 이러한 오온의 하나하나에 대해 '나'라든가 '내 것'이라는 집착을 한다는 것은 있을 수 없는 일이므로 오온으로 뭉쳐진 우리의 존재도 '무아'인 것은 당연하다. 이 무아인 우리의 존재를 '오온무아(五蘊無我)'라 한다.

이것은 인간뿐만 아니라 모든 존재에 해당되므로 불교에서는 '모든 존재하는 것은 다 무아이다'라고 하는 의미에서 이것을 '제법무아(諸法無我)'라 하고, 불교의 독특한 진리로 삼았다.

열반적정

위에서 본 무상·고·무아설은 우리를 불교의 이상경지인 열반으로 이끌기 위한 교설이므로 이러한 가르침에 의해 절대의 평안인 열반에 이르게 된다.

우리는 생멸하는 '무상'한 존재이다. 그러나 우리에게는 끊임없이 상주(常住)하기를 원하는 욕망이 있으므로 '고'가 생긴다. '무상'한 것은 '고'이고 '고'인 것은 '무아'이며, '무아'인 것은 나의 것이 아니고, 나도 아니고, 나의 자아도 아니라는 것을 올바로 인식한다면 '고'에서 해방될 수 있다.

이와 같이 일체의 모든 고통은 주체의 욕망과 현실의 무상함이 모순되기 때문에 생기는 것이다. 그러므로 석가모니는 그 근본 원인을 추구해서 탐내는 마음(貪心), 성내는 마음(瞋心), 오만한 마음(慢心)과 같은 번뇌를 발견하여 그 밑바닥에는 무명(無明), 즉 무지가 숨어 있다는 것을 밝혀 내었다.

탐내고 성내는 마음과 같은 번뇌는 우리의 마음을 구속하고 혼미하게 한다. 마음은 언제나 번뇌에 의해 지배되고 또한 움직이고 있지만 우리는 그것을 눈치채지 못하고 있는 것이다. 번뇌가 있기 때문에 인간의 마음은 자유롭지 못하고 진리를 볼 수 없으며 갖가지 고통으로 시달린다.

이러한 번뇌의 속박을 벗어나 마음이 자유자재하게 되는 것이 해탈이며, 무명을 끊고 마음의 진리를 발견하여 진리와 하나가 되는 것이 열반이다. 그러므로 이러한 현실을 초월한 경지를 '열반적정(涅槃寂靜)'이라 한다.

'제행무상' '제법무아' '열반적정'을 도장으로 찍은 듯이 움직일 수 없는 3가지 진리라는 의미에서 삼법인(三法印)이라 하고, 이것에 '일체개고'를 더하여 사법인(四法印)이라고도 한다. 이것은 원시불교의 기초적 입장을 나타낸 것이지만, 그 후의 발달불교에서도 일관되는 중심사상이다.

사성제

열반을 실현한 세계는 번뇌로 물든 미망(迷妄)의 세계와는 전혀 다르다. 이 미망과 깨달음의 구조를 원인과 결과로 나타낸 4가지 참다운 진리를 '사성제(四聖諦)' 혹은 줄여서 '사제(四諦)'라 한다. 여기서 '제'는 한자로 '체(諦)'라 쓰지만 불교용어로는 '제'라 읽으며, '진실' '진리'라는 뜻이다.

사성제란 고제(苦諦)·집제(集諦)·멸제(滅諦)·도제(道諦)를 말하는데, '고(苦)'란 앞서 설명한 것처럼 이 세상이 '고'라고 하는 것이고, '집(集)'이란 '고'가 생겨나게 되는 원인이며, '멸(滅)'이란 '고'를 멸한 해탈을 말하고, '도(道)'란 '고'의 멸을 달성하기 위한 실천수행(八正道)을 말한다.

간단히 말하면 '집'은 미망의 원인이고, '고'는 그 결과이며, 도'는 깨달음의 원인이고, '멸'은 그 결과가 되는 것이다.

이것은 마치 의사가 환자의 병(苦)이 생기게 되는 원인(集)을 발견하고, 그 환자의 병을 치료(滅)하여 완쾌시키기 위해서는 약(道)을 복용시키는 것과 같이, 인류의 고뇌가 생기게 되는 진정한(諦) 원인을 발견하고 고뇌로부터 해탈하는 올바르고(正) 진실한 길(道)을 가르쳐 주려고 하는 것이다. 이런 의미에서 보면 석가모니는 소위 인간의 정신적 의사였다고 할 수 있을 것이다.

팔정도

여기서 고뇌로부터 해탈하는 올바르고(正) 진실한 길(道)이란 구체적으로 무엇을 말하는 것일까?

사성제 가운데 '멸제'란 번뇌의 속박에서 자유가 된 경지, 즉 열반을 말한다. 따라서 '멸제'에 이르는 방법인 '도제'는 열반을 실현

하는 8가지의 올바른 길, 즉 팔정도(八正道)로 요약될 수 있다. 팔정도는,

(1) 정견(正見) ; 올바른 견해. 사성제의 하나하나를 아는 것.

(2) 정사(正思) ; 올바른 생각. 번뇌나 성내는 일 등이 없는 것.

(3) 정어(正語) ; 올바른 말. 거짓말·폭언 등을 하지 않는 것.

(4) 정업(正業) ; 올바른 행위. 살생·도둑질 등을 하지 않는 것.

(5) 정명(正命) ; 올바른 생활. 도리에 맞는 의·식·주의 생활.

(6) 정정진(正精進) ; 올바른 노력. 선(善)한 행동을 하기 위해 노력하는 것.

(7) 정념(正念) ; 올바른 사려(思慮). 밖으로 향해 있던 생각(正思)을 다시 안으로 향하게 하여 생각을 한곳에 집중하는 것.

(8) 정정(正定) ; 올바른 정신통일. 4종류의 선(禪).

을 말한다. 이 8가지의 덕목은 인간의 정신과 육체 모두를 종합적으로 취하여 그 올바른 태도를 나타낸 것이다. 불교는 '마음의 병'을 치료하거나 '병에 걸리지 않는 마음'을 만드는 것이 그 목적이므로 이 팔정도에 의해 올바른 실천을 하면 마음이 크게 상처받는 일이 없게 된다.

십이연기

고뇌를 멸하여 해탈을 실현하는 방법은 고·집·멸·도 사성제의 가르침에도 잘 설해져 있지만, 석가모니가 보리수 아래 앉아서 내관(內觀)·사유(思惟)한 소위, 연기관(緣起觀)에도 고뇌를 멸하여 해탈을 얻는 과정이 구체적으로 잘 나타나 있다.

해탈을 실현하는 데 가장 문제가 되는 것은 무명(無明), 즉 무지(無知)다. 그러므로 인간 현실의 삶을 설명함과 동시에 삶의 고통

의 원인이 되는 이 무명이 어떠한 것이며, 또한 어떻게 하면 멸할 수 있을까를 깨달아서 설한 교리가 '연기설(緣起說)'이다.

'연기(緣起)'란 사물은 서로 의지해 생한다는 뜻으로서 '인연(因緣)'이라고도 한다. 원시불교의 연기설 가운데는 여러 가지가 있는데 가장 발달된 형태는 십이연기설(十二緣起說)로, 그 순서는 ①무명(無明) — ②행(行) — ③식(識) — ④명색(名色) — ⑤육입(六入) — ⑥촉(觸) — ⑦수(受) — ⑧애(愛) — ⑨취(取) — ⑩유(有) — ⑪생(生) — ⑫노사(老死)이다.

이것은 무명 즉 진리에 대한 무지로 인해 우리들 현실의 고통스러운 삶이 있으므로, 무명을 멸하면 우리들의 고통도 멸한다고 하는 논리이다. 말하자면 우리들이 경험하는 현상계의 모든 것은 서로 의존관계, 소위 '연기(緣起)'의 관계에 있다는 것을 말하는 것이다. 그러나 이들의 관계는 시간적으로 전후하는 인과관계뿐 아니라 현실 삶의 원리를 설명하기 위해 채용된 논리적 관계도 포함되어 있다.

경전에 의하면 이 십이연기설은, 먼저 노사(老死)로 대표되는 고뇌의 원인을 탐구하여 생(生)을 발견하고, 같은 탐구를 계속하여 드디어 무명(無明)에 이르며, 이리하여 무명에 의해 행(行)이 있고, 행에 의해 식(識)이 있고, 생(生)에 의해 노사(老死)가 있다고 순서대로 관찰하는데, 이것을 순관(順觀)이라 한다.

또한 역으로 고뇌의 멸의 원인을 탐구하여 '생'의 멸을 발견하고, 같은 탐구를 계속하여 드디어 '무명'의 멸에 이르며, 이리하여 '무명'이 멸함에 의해 '행'이 멸하고, '행'이 멸함에 의해 '식'이 멸하고, '생'이 멸함에 의해 '노사'가 멸한다고 역으로 관찰하는데, 이것을 역관(逆觀)이라 한다.

이것에 의하면, 순관은 현실의 삶을 설명하는 원리가 되고, 역관은 '노사'의 고통은 무명을 끊음으로써 달성된다고 하는 해탈의 근거를 제시해 주고 있다. 또한 역관의 '멸'은 무명이 스스로 무명임을 깨달아 무명에서 명(明)으로 역전(自己轉換)한다고 하는 논리에 근거를 두고 있다.(제4장 '연기사상의 발달과 전개' 참조)

따라서 석가모니에게 있어서 고뇌로부터 해탈의 길은, 고뇌의 원인을 무명에서 발견하고 이 무명을 멸하여 절대 안락한 세계인 열반에 도달하는 것이라 말할 수 있다.(제4장 제1절 '연기사상의 발달과 전개' 참조)

오온

앞에서 '제행무상' '일체개고' '제법무아'라 했을 때의 '제행(諸行)' '일체(一切)' '제법(諸法)'은 모두 같은 뜻으로서, 이 세상의 모든 존재 혹은 현상을 의미한다.

불교에서는 이 모든 현상, 특히 우리의 존재를 분석하여 색·수·상·행·식의 5가지 요소로 구성되어 있다고 생각했으며, 이 5가지 요소를 오온(五蘊, pañca-skandha)이라 하였다. 여기서 '온'이란 '모임' '집합'을 의미한다

(1) 색(色, rūpa)이란 물질적 감각적인 존재로서 구체적으로는 우리의 신체를 말한다.

(2) 수(受, vedanā)란 감각 혹은 감수작용으로서, 외부의 자극에 대해 어떤 감각이나 지각·인상 등을 받아들이는 것을 말한다. 받아들이는 방법에는 고(苦)·낙(樂)·불고불락(不苦不樂)의 3종류가 있으며, 불고불락은 쾌·불쾌 어느 쪽도 아닌 것을 말한다.

(3) 상(想, saṃjñā)이란 표상(表象, 이미지)작용으로서, 느껴서

받아들인 것을 여러 가지 형태로 마음속에 떠올려 표상하고 개념화하는 것을 말한다. 그 대상은 반드시 외계의 사물만이 아니라 기억한 내용도 포함된다.

(4) 행(行, saṃskarā)이란 의지작용(思)으로서, 대상에 대해 스스로의 의지(意志)로써 적극적으로 작용하는 것, 혹은 잠재적인 형성력(業)을 가리킨다. 오온 중 '행'을 제외한 나머지 사온에 배당되지 않는 모든 것이 여기에 속한다.

(5) 식(識, vijñāna)이란 인식 혹은 판단작용으로서, 대상을 구별하고 인식하는 작용을 말한다. 또한 마음(心)작용 전체를 통괄하는 작용도 가지고 있으며, 마음 그 자체를 가리킬 때도 있다.

위의 내용은 먼저 육체(色)가 있고, 그것을 의지처로 한 정신이 작용하여(受), 그 정신현상을 지각하고 감수하여 마음속에 상을 만들고(想), 그 상에 따라 이것에 적극적으로 작용을 가하여(行), 최후로 음미하고 인식확인(識)한다고 하는 과정을 나타내고 있다.

우리의 존재는 이와 같이 물질적인 면(색)과 정신적인 면(수·상·행·식)으로 되어 있지만, 이것이 자아(自我)에 대한 집착(取)의 원인이 된다고 하는 것에서 '오취온(五取蘊)'이라고도 부른다.

우리들은 자기자신 속에 중핵이 되어 스스로를 지배하고 있는 것과 같은 영원한 실체를 상정하고, 그것에 집착하여 자신에게 얽매여 있다. 그리고 기대와 현실이 서로 다름을 깨달았을 때 고뇌하고 불안해 하는 것이다.

그러나 우리를 오온으로 분석하여 잘 관찰해 보면, 이와 같은 상정이 얼마나 잘못되었으며, 영원한 실체란 어디에도 없다는 것을 알 수 있게 된다. 이와 같이 오온설은 우리의 존재를 분석할 뿐만 아니라, 우리를 잘못된 자아의식에서 해방시키기 위해 설해진 것이다.

십이처 · 십팔계

한편 우리의 존재를 인식론적 구조에 근거하여 12개 혹은 18개의 영역으로 구분하기도 한다. 이것을 십이처(十二處) · 십팔계(十八界)라 한다.

먼저 '십이처'란 일체의 존재현상을 성립시키고 있는 12개의 의지처를 말하는 것으로서, 즉 안(眼) · 이(耳) · 비(鼻) · 설(舌) · 신(身) · 의(意)라고 하는 내적인 6개의 감각기관(六根, 혹은 六處, 六入)과, 이것에 대응하는 외적인 6개의 대상(六境), 즉 색(色 ; 색깔 · 형태) · 성(聲) · 향(香) · 미(味) · 촉(觸) · 법(法)을 합친 것을 말한다.

여기서 6개의 감각기관인 육근은 주관(主觀)에 속하고, 6개의 대상인 육경은 객관(客觀)에 속하는데, 이들 주관적 기관과 객관적 대상이 서로 모여 이 현상계의 모든 존재가 성립된다고 보는 것이다.

즉, 색깔(色)은 눈(眼)을 통해 보고, 소리(聲)는 귀(耳)를 통해 들으며, 안다고 하는 것(法)은 의(意)라고 하는 감각기관을 통해 이루어지기 때문이다. 여기서 의(意)의 대상이 되는 법(法)이란, 유형 · 무형 · 물질 · 비물질의 모든 존재 내지 추상적 개념을 가리키지만, 분류항목으로서는 색 내지 촉에 들어가지 않는 모든 것을 가리킨다.

오온과 십이처의 대응관계를 보면, '색' 내지 '촉'이라고 하는 외계의 존재(五境)와 '안' 내지 '신'이라고 하는 육체에 속하는 기관

(五根)은 모두 색온(色蘊)에 들어가고, '의'는 식온(識蘊)에, '법'은 수·상·행의 삼온에 포함된다.

'십이처'를 '십이입(十二入)'이라고도 한다. '입'이란 감각의 입구라는 의미로서, 예를 들면 본다고 하는 것은 눈을 통해 이루어지는 것을 말한다.

다음 '십팔계(十八界)'란 위의 '십이처'에 다시 안식(眼識)·이식(耳識)·비식(鼻識)·설식(舌識)·신식(身識)·의식(意識)이라는 육식(六識)을 더한 것을 말한다. 여기서 '계'란 영역(領域)을 의미한다.

십팔계의 분류원리는 우리가 사물을 인식하기 위해서는 반드시 인식기관(根)과 인식대상(境)과 인식작용(識)의 3가지가 필요하다는 것에서 고안된 것으로, 눈(眼)을 통해 색깔을 봄으로써 색깔(色)을 식별하는 작용을 안식(眼識)이라 하며, 이하 마찬가지로 이식(耳識) 내지 의식(意識)이라 이름붙인 것이다.

오근·오경·오식의 경우는 3가지가 명확히 구별되지만, 의근(意根)과 의식(意識)은 다만 기능적인 면에서 편의상 구분하고 있는 것에 지나지 않으며, 모두 마음(心)을 가리킨다. 그러므로 의근(意根)과 육식(六識)을 합쳐서 칠심계(七心界)라 부르며, 이들 각각은 오온 중 '식온(識蘊)'에 대응하는 것이다.

중도

석가모니는 출가 후, 당시 일반적으로 행해지고 있던, 쾌락에 심신을 맡기는 쾌락주의와 철저한 고행으로 심신을 괴롭히는 고행주의의 양쪽 모두에 전념해 보았지만 결국은 이 2가지 모두를 버리고 보리수 아래서 명상하여 깨달음을 얻었다고 한다. 이것을 불고불락(不苦不樂)의 중도(中道)라 부른다.

불교에서 말하는 중도의 '중'은 2가지 극단적인 입장을 합쳐서 둘로 나눈 중간을 의미하는 것이 아니라, 고(苦)와 낙(樂), 혹은 유(有)와 무(無), 단(斷, 단절)과 상(常, 상주) 등의 2개의 극단적인 양면을 떠나 자유롭게 되는 사고방식, 생활방식을 말한다. 그러므로 불교의 중도는 결국 안락적정한 열반으로 통해 있으며, 이러한 중도사상은 석가모니 이후 전 불교에 일관되고 있다.

제4절 아비달마불교

1. 교단의 분열

석가모니 입멸 후, 교단이 어떻게 변천했는가는 분명하지 않다. 다만 석가모니가 입멸한 후 곧바로 행해졌다고 하는 제1결집에 의하면, 교단은 교리의 정비와 그 전승에 노력했으며, 특히 승가의 발전과 함께 교단을 통제하고 교권을 확립하기 위해 수많은 율(律)을 만들어 갔을 것이라 생각된다.

그러나 교단의 확대와 교권의 확립은 점차로 교단의 고정화와 교리의 형식화를 초래하였으며, 동시에 이것을 배제하려고 하는 혁신세력의 출현을 낳게 되었다.

당초, 불교는 중인도의 일부 지방을 차지하는 작은 조직에 불과했지만 석가모니 입멸 후 약 100년 사이에 인도 서남쪽으로 전해졌다. 이윽고 마투라를 중심으로 서쪽으로 전해져 교단도 확대되었으며, 또한 남방에서 법을 구하러 오는 자도 있었다.

이렇게 서서히 인도 각지로 전파된 불교교단은 석가모니의 가르침을 지키면서 동일한 교단규칙(律)에 따라 통일된 교단조직을 유지하였다. 그러나 석가모니 입멸 후 100여 년(일설에는 약 200년)이 지날 때쯤, 교단의 확장과 함께 교단의 각 성원을 규제하는 율의 해석을 둘러싸고 대립이 일어나 드디어 분열하게 되었다.

문헌에 의하면, 밧지 족 출신의 비구들이 허용하고 있던 '금전을 저축하는 것' 등 10가지 항목(十事라 한다)에 대해, 바이샬리에서 보수파인 700명의 장로비구가 제2결집이라 불리는 회의를 열어 그 각 항목, 특히 열 번째의 '금·은화의 보시를 받는 것의 완화'는 비법(非法)이라 결의함에 따라 진보파는 패퇴하였다.

이에 관용을 구하는 진보파는 새롭게 집회를 개최하여 일만 명에 달하는 다수의 참가자를 얻어 독립을 선언하고 대중부(大衆部, Mahāsaṅghika)를 결성하였다. 이에 교단은 분열하여 엄격하고 보수적인 장로들의 그룹은 상좌부(上座部, Theravāda)라 불리게 되었으며, 이후 전통·보수의 중핵이 되었다. 이러한 최초의 분열을 근본분열이라 한다.

역사가들의 추정에 의하면, 교권을 묵수하려고 하는 보수파와 이것에 대립하는 진보파는 대체로 인도 최초의 통일국가 수립을 이룩한 아쇼카 왕(阿育王, 在位 기원전 268~232년경)의 즉위 이전에 상좌·대중의 두 부파로 분열하였으며, 이 분열은 그 후에도 계속되어 200년 정도 사이에 드디어 20부 가까이 분열하였다.

즉 먼저 최초의 100년 동안에 대중부 내부에 재분열이 일어나고, 그 후 약 100년 동안에 상좌부 내부에도 분열이 생겨 대중부 계통은 9부, 상좌부 계통은 11부로 분열하여 모두 20부(일설에는 18부)의 부파가 기원전 100년경까지 성립되었다. 이것을 지말(枝末)분열이라 한다.

부파의 실제 수는 20부를 넘은 듯하며 그 명칭도 남전(南傳)과 북전(北傳), 여러 비문(碑文)의 기록들이 반드시 일치하지는 않는다. 후세에까지 중요한 영향을 미친 부파로는 상좌부와 대중부, 그리고 상좌부의 분파인 설일체유부(說一切有部)·법장부(法藏部)·

독자부(犢子部)・화지부(化地部)・경량부(經量部)・정량부(正量部)를 들 수 있다. 상좌부계는 주로 인도의 서쪽과 북쪽 또는 스리랑카에서, 대중부계는 중부와 남부에서 번성하였다.

대승불교도로부터 부파의 일부(대부분 설일체유부에 한정됨)가 소승(小乘)이라 불린 경우도 있었지만, 부파는 대승불교 그 자체를 무시해 왔다. 소승의 원어인 '히나야나(Hīnayāna)'의 '히나'에는 '소(小)'라는 의미 외에도 '비천한' '저열한'의 의미가 있는데, 이 폄칭의 원어는 대승(Mahāyāna)이라는 말보다 상당히 늦게 사용되었으며, 또한 그렇게 빈번히 사용되지는 않았다.

다만 중국이나 티벳 등으로 전파된 북전불교는 대승불교였기 때문에 거기서는 '대승' '소승'의 호칭이 일반화되었던 것이다. 그러므로 여기서는 소승불교라는 표현은 적절하지 않기 때문에 부파불교 또는 아비달마불교라는 명칭을 사용하기로 한다.

부파불교의 동향에 대한 인도지역 내의 기록은 거의 없으며, 중국에서 천축(天竺 = 인도) 여행을 마치고 여행기를 남긴 3명의 구법승, 즉 법현(法顯, 399~414년의 여행)・현장(玄奘, 629~645년의 여행)・의정(義淨, 671~695년의 여행)에 의하면, 항상 부파(小乘이라 기록)가 압도적으로 유력하였으며, 특히 설일체유부・정량부・상좌부와 대중부가 뛰어났다고 한다.

2. 아비달마불교의 자료

부파 시대에 만들어진 불교문헌을 아비달마(阿毘達磨 혹은 阿毘曇, abhidharma)라 하고, 이 시대의 불교를 아비달마불교라 한다.

'아비달마'란 말은 부파불교에서 2가지 의미로 사용되었다. 하나는 '부처님의 가르침(dharma)에 대해서(abhi)' 이것을 연구한다는 것, 즉 '법(法)의 연구(對法이라고도 번역함)'라는 뜻이고, 다른 하나는 '훌륭한(abhi) 법(dharma)'이란 뜻이다.

전자는 설일체유부 등의 북전자료에 보이고, 후자는 팔리 상좌부의 남전자료에 자주 보이는 해석이다. 그러나 전자가 아비달마의 원래 뜻이고, 후자는 그 후 아비달마의 우위를 나타내기 위해 취해진 해석이라 추정되고 있다. 그러므로 아비달마의 원래의 뜻은 '법에 관한 연구' 즉 '불교교리에 대한 연구・해석'을 의미한다.

'아비달마'는 부파불교의 초기에는 각 부파의 공통적 개념이었지만, 후에는 설일체유부의 사람들이 스스로를 '아비달마논사(論師)'라 불렀기 때문에 특히 유부의 논서를 가리키는 명칭으로도 사용되었다는 것에 주의할 필요가 있다.

아비달마를 수집해 엮어 놓은 것을 '아비달마장(論藏)'이라 하고, 이에 원시불교 시대부터 전해져 온 '경장'과 '율장'을 합쳐서 '삼장'이라 한다. 현재 전해지고 있는 논장은 주로 팔리 상좌부와 설일체유부에 속하는 것뿐이다.

팔리 상좌부에서는 기원전 250년경부터 약 200년 동안에 7개의 논서, 즉 『분별론(分別論)』, 『인시설론(人施設論)』, 『법집론(法集論)』, 『계론(界論)』, 『쌍론(雙論)』, 『발취론(發趣論)』, 『논사(論事)』를 성립시켰으며, 이 중 가장 늦게 만들어진 『논사』는 지말부파의 교리를 많이 소개하고 있는 점에서 부파분열이 끝난 후에 성립된 것으로 보고 있다. 이 7개의 논서는 논장(論藏)이 되었으며, 그 외에도 많은 주석서나 연구서가 있었지만 모두 장외(藏外)로 취급되었다.

팔리 상좌부에서는 『밀린다 왕의 물음』도 중요시하였고, 5세기에 출현한 불음(佛音, Buddhaghosa)은 『청정도론(淸淨道論)』을 저술하여 상좌부의 교학을 집대성하였다. 그의 교리는 상좌부 교리의 표준으로서 현재도 많이 인용되고 있다.

이외에도 스리랑카의 역사를 전하는 『도사(島史, Dipavaṃsa)』와 『대사(大史, Mahāvaṃsa)』가 5세기 전반에 성립되었으며, 그 후 18세기까지를 첨가한 『소왕통사(小王統史, Cūḷavaṃsa)』가 완성되었는데, 이것들은 불교사로서는 물론 정치사로서도 가치가 높아 항상 참고되고 있다.

설일체유부에서도 유부의 교리를 확립한 『발지론(發智論)』 외에 기원전 1세기경까지 6종류의 족론(足論)이라 불리는 논서, 즉 『식신족론(識身足論)』, 『품류족론(品類足論)』, 『법온족론(法蘊足論)』, 『집이문족론(集異門足論)』, 『시설론(施設論)』, 『계신족론(界身足論)』이 만들어졌는데, 이것을 『발지론』과 합하여 '육족발지(六足發智)'라 한다. 이들 7개의 논서는 한역으로도 번역되어 있으며, 산스크리트로 된 몇 개의 단편(斷片)이 중앙아시아에서 발견되어 독일에서 교정·출판되었다.

2세기경에는 카니시카 왕의 보호 아래 북인도의 캐시미르에서 『발지론』에 주석을 붙여 새로운 교리를 설한 『대비바사론(大毘婆沙論)』 200권을 편찬하였다. 이 책은 당시 부파불교의 여러 가지 문제를 취급한 백과사전과 같은 것으로서, 타부파의 설을 들어 그것을 파척(破斥)하는 형태로써 유부의 정통교학을 설명하고 있다. 여기서 '비바사(毘婆沙)'란 '분별' '주석'이란 의미인데, 유부의 학자들은 이 점에 뛰어났으므로 그들을 '비바사사(毘婆沙師)'라 불렀다.

『대비바사론』은 위의『논사』와 함께 부파불교 연구의 좋은 자료가 되고 있을 뿐만 아니라, 대승불교의 기초교리도 유부에서 많이 채용하고 있으므로 대승불교 교리의 이해를 위해서도 필수적인 자료가 되고 있다.

그러나 이 책은 너무 방대하여 조직적이지 못했기 때문에 이후 이것에 대한 여러 종류의 개설서가 만들어졌으며, 그중에서도 4, 5세기경에 출현한 세친(世親, Vasubandhu)이 지은 『구사론(俱舍論)』이 가장 중요시된다.

세친은 처음에 유부의 교학을 배웠지만 후에는 경량부로 옮겨 대중부의 교리도 고찰하였다. 그는 유부 교학을 표준으로 삼아 이것을 교묘히 체계화하면서도 경량부나 대중부의 설을 도입하여 "이치(理)에 뛰어남을 근본(宗)으로 삼는다(理長爲宗)."고 하는 입장에서 번잡한 유부의 교리를 비평적으로 정리하였다. 이것이 바로『구사론』이다.

『구사론』은 단지 부파의 교리뿐 아니라 불교학 전반에 걸친 정수를 조리 있게 전하고 있으므로 현재까지도 모든 불교학자의 필독서가 되고 있다. 현재 2종류의 한역(玄奘 譯 30권, 眞諦 譯 22권)과 티벳 역, 그리고 1967년에 간행된 산스크리트 본이 있다.

『구사론』이 유부에 비판적이라는 것에 대항하여 중현(衆賢, Saṃghabhadra)은 『아비달마순정리론(阿毘達磨順正理論)』80권을 저술하여 유부의 교리를 강조하였다. 또한 따로『아비달마현종론(阿毘達磨顯宗論)』40권도 저술하였다.

위에 든 상좌부와 유부의 저술 외에도 법장부의 논서인『사리불아비담론(舍利弗阿毘曇論)』30권이나 경량부 계통의 하리발마(訶梨跋摩, Harivarman, 250~350년경)가 지은『성실론(成實論)』16권도 부파불교 연구의 좋은 자료가 되고 있다. 또한 유부의 세우(世友, Vasumitra)가 저술한 『이부종륜론(異部宗輪論)』은 부파분열의 역사와 각 부파의 교리를 간명하게 전해 준다.

3. 아비달마불교의 사상—유부의 교리

앞에서 설명한 바와 같이 부파 시대의 불교에는 보수파와 혁신파의 대립은 있었지만, 모두 불교교리를 주석하고 그 논리적인 의미를 밝히려고 하는 경향이 있었다.

이러한 논의적인 경향의 결과, 이 시대의 불교는 상당수의 아비달마논서를 작성했다고 생각되지만 지금은 대표적인 부파 이외의 논서는 거의 남아 있지 않다. 특히 대중부 계통은 대승불교와 융합했으므로 이 계통 부파의 논서는 전혀 전해지지 않으며, 겨우 상좌부 계통의 문헌에 단편적으로 기록되어 전해지는 정도이다.

한마디로 부파불교 시대의 불교연구 자료는 매우 빈약하며, 불교사에 있어서 이 시대만큼 사상적으로 통일되지 않고, 또한 애매모호한 채로 남아 있는 시대도 없다.

현재 우리가 알 수 있는 아비달마교학의 대표는, 하나는 한역으로 전해지는 설일체유부의 교학이고, 다른 하나는 스리랑카의 장로불교가 전하는 팔리어성전이다. 이 중 대승불교가 가장 논란으로 삼고, 또한 그 영향을 받은 것은 설일체유부의 사상이다.

그러므로 여기서는 유부의 교학사상을 알 수 있는 대표적 개설서인 세친의 『구사론』에 근거하여, 부파 가운데 최고의 위치를 차지하고 있던 설일체유부의 교리체계를 석가모니의 근본교설로 간주되고 있는 오온·십이처·십팔계·사법인 등과 관련해서 살펴보기로 하자.

　1) 법의 해석

　설일체유부(說一切有部, Sarvāstivādin)는 간단히 '유부'라고도 한다. 북인도 상좌부 계통의 가장 유력한 부파로서, 그 역사는 아쇼카 왕 시대까지 거슬러 올라간다고 전해지며, 2세기 이후 쿠샨 왕조 시대에 북인도 일대에 널리 세력을 펼쳤다. 현재 한역(漢譯) 외에도 다수의 문헌이 남아 있는 것은 그 광대한 세력과 오랜 역사의 반영이라 할 수 있다.
　대승불교의 비판 대상이 됨과 동시에 대승불교의 학설에 직접적인 영향을 미친 설일체유부의 학설은 그 부파의 이름이 말해 주는 바와 같이, '일체의 존재(法)는 과거·현재·미래의 삼세에 걸쳐 자성이 있다(實有)'는 주장에서 유래한 것이다.
　유부의 학설은 특히 법(法)에 관한 특색 있는 해석에서 인정을 받고 있다.
　법(法, dharma)은 인도에서 일반적으로 널리 사용된 말로서 불교에서도 채용하여 불교의 독자적인 용례로 사용하였다. 『구사론』의 유부 학설에 의하면, 법에는 '존재'와 '진리'의 2가지 의미가 있다.
　여기서 말하는 '존재'는 추상적 개념으로서가 아니라 현실에 사실(事實)로서 존재하는 사물을 말하고, 이것이 온 세계에 두루 충만해 있다는 점에서 '세속의 존재(世俗有)'라 부른다. 그러나 이것들은 모두 멸하는 성질을 가지고 있으므로 시간적으로나 공간적으로 파괴됨을 면할 수가 없다.

그러므로 이 존재들은 언젠가는 파괴되고 파괴되어 더 이상 파괴되지 않는 극미(極微)에 이르게 되는데, 이 극미를 궁극적 존재라 하여 '승의(勝義, 第一義)의 존재(有)'라 부른다.

다시 말하면, 우리는 하나하나의 극미는 인식할 수 없지만 그 집합체는 직접 지각할 수 있으며, 이 극미는 그 자체로서 존재하기 때문에 타(他)에 의존하지 않는다. 유부의 술어로 말하면, '실체로 있으며, 자성을 가진다'고 하는데, 이와 같이 '자기동일성을 유지하는 존재(任持自性)'를 법(法)이라 주장하였다.

이 법은 외계에 존재하는 사물뿐 아니라 심리작용에 있어서도 똑같은 방법으로 해석된다. 즉 마음(心)의 작용에 대해 세밀한 분석을 거쳐 최종적으로 요소적 심리작용에 이르게 되면, 이것을 '승의유(勝義有)' 혹은 '법'이라 부르는 것이다.

이러한 '법'에는 유위법(有爲法)과 무위법(無爲法)의 2가지가 있다. 무위법은 만들어진 것이 아닌 영원한 실재(實在)이고, 유위법은 인과 연의 화합에 의해 만들어진 것이기 때문에 요소로서는 실재지만 생멸변화하는 무상한 존재이다.

2) 오위 칠십오법

또한 유부에서는 이 '법'을 분석하여, 이 세계를 구성하는 요소적 존재로서 칠십오법(七十五法)을 상정했다. 이 가운데 72법은 시간과 함께 끊임없이 변화하는 유위법이고, 나머지 3법은 시간의 경과에도 결코 변하지 않는 무위법이다.

유부에서는 이 칠십오법을 원시불교 이래의 법 체계, 즉 오온·

십이처·십팔계에 근거하여 새로운 '5개의 범주(五位)'로서 조직화하였다. 예로부터 '오위 칠십오법'이라 부르는 체계가 바로 이것이다.

'오위'는 '오법(五法)'이라고도 하며 그 내용은 다음과 같다.

(1) 색법(色法, rūpa) ; 물질적 현상. 눈·귀 등과 같은 오근(五根)과 색깔·소리 등과 같은 오경(五境), 그리고 표면에 나타나지 않는 존재인 무표색(無表色)이 여기에 해당되며, 모두 오온(五蘊) 중의 색온(色蘊)에 들어간다.

(2) 심법(心法, citta, 心王) ; 마음의 주체(본체)가 되는 것(인식주관)으로서, 기능에 따라 심(心, citta)·의(意, manas)·식(識, vijñāna)이라 불린다(心 = 意 = 識). 오온 중의 식온(識蘊), 십이처 중의 의처(意處), 십팔계 중의 칠심계(七心界 ; 意根과 六識을 합한 것)에 상당한다.

(3) 심소법(心所法, caitta, caitasika, 心所有法, 心相應行) ; 마음(心)에 소속된 것이라는 뜻으로서 갖가지 심리작용을 말한다. 오온에서 말하면 수온(受蘊)·상온(想蘊) 및 행온(行蘊) 가운데 마음(心)과 관계 있는(相應) 것이며, 십이처와 십팔계에서는 법처(法處)와 법계(法界)에 포함된다.

(4) 심불상응행법(心不相應行法, cittaviprayuktasaṃskārāḥ) ; 마음과 관계가 없는 여러 가지 작용이나 힘, 개념적 존재 등, 다시 말하면 색법도 심법도 심소법도 무위법도 아닌 것이다. 예를 들면 생주이멸(生住異滅)이라고 하는 존재의 형성과 같은 것을 말한다. '심소법'에 속한 것 이외의 행온(行蘊)·법처(法處)·법계(法界)에 소속된다.

(5) 무위법(無爲法, asaṃskṛta-dharma) ; 생멸을 초월한 상주불변

하는 것, 즉 생멸의 변화가 없고, 인연에 의해 만들어지는 일도 없으며, 작용을 일으키는 일도 없는 절대적 존재로서, '허공'이나 '열반(滅諦)' 등을 말한다. 개념으로서는 법처(法處)·법계(法界)에 속한다.

이 가운데 (1)~(4)는 우리들의 일상 경험과 관련을 가진 여러 현상으로서, 공간적·시간적 관계에 있으며, 갖가지 연(緣)에 의해 만들어진 것(有爲法)이다. 이것들은 우리와 만남으로써 어떤 순간에 어떤 법(法)이 나타나 어떤 결과(果)을 일으키고, 다음 순간에는 사라져 버리지만, 그러나 이 법은 없어진 것이 아니라 지나가 버린 상태로서 존재하고 있다.

이것에 대해, (5)의 무위법은 의식의 대상은 될 수 있지만 시간과 공간의 제약을 초월하고, 아무런 영향도 남기지 않는다.

이 무위법에는 3종류가 있다. 하나는 '절대공간(허공)'으로서 소위 현상(現象) 성립의 장(場)이고, 다음은 깨달음의 세계인 '열반'으로서, 어떤 법이 수행의 결과 영원히 현재화(現在化)하는 힘을 소멸했을 때 이것을 '지혜의 힘에 의해 선택한 멸(擇滅)'이라 부른다. 모든 법이 택멸하면 완전한 열반을 얻는다.

이것에 대해 셋째는 깨달음과 관계없이, 연(緣)이 없어 영구히 현재화하지 않는 존재를 상정하여 이것을 '비택멸(非擇滅)'이라 부른다. 결국 유부의 학설은 실유론(實有論)이라 하지만, 존재를 주체의 인식과 관련해서 고찰·분류하는 학설인 것이다.

이 오위의 각각에 몇 개의 법이 소속되어 있는데, 그 수는 색법에 11개(위의 五根·五境·無表色), 심법에 1개(心＝意＝識), 심소법에 46개, 심불상응행법에 14개, 무위법에 3개로서 모두 75개가 되므로, '칠십오법'이라 하고, 모두 독립적으로 실재하고 있으며,

자성(實體)이 있다고 설한다.

여기서 심소법은 ①모든 심리작용에 작용하는 변대지법(遍大地法) 10개, ②선한 마음과 함께하는 대선지법(大善地法) 10개, ③모든 더러운 마음과 함께하는 대번뇌지법(大煩惱地法) 6개, ④악한 마음과 함께하는 대불선지법(大不善地法) 2개, ⑤각종 더러운 마음과 함께하는 소번뇌지법(小煩惱地法) 10개, ⑥이상의 ①~⑤와는 독립적 심리작용인 부정지법(不定地法) 8개로 구분된다.

이들 칠십오법 가운데 무상한 유위법이 72개이고, 변화하지 않는 무위법이 3개인데, 유부에서는 이 가운데 유위의 72법이 갖가지로 결합하여 무상한 현상을 형성하고 있다고 본다.

3) 삼세실유

그러면 석가모니의 근본교설인 삼법인 가운데 '제행무상(諸行無常)'을 유부에서는 어떻게 설명하고 있는 것일까? 유부에서는 이것을 '삼세실유(三世實有)'설로서 설명하고 있다.

즉, 유위법인 72종의 법은 미래에 무한히 대기하고 있어 인연에 의해 현재로 인도되고, 현재에 한 찰나만 존재하여 우리에게 인식된 후, 곧바로 과거로 물러나 버린다고 하는 것이다.

우리가 물질을 볼 때 동일한 것이 장시간 존재하고 있는 것같이 생각되지만, 실은 한 찰나씩 비슷한 법(法)이 미래로부터 인도되어 현재의 현상을 나타내고 있는 것에 지나지 않는 것이다. 예컨대 마치 영화 필름의 각 컷이 한 순간만 스크린에 비치고 있는 것인데도 우리에게는 동일한 것이 연속적으로 존재하는 것처럼 보이는 것과 같다.

그러므로 유부에서는 모든 법을 찰나에 생하고 찰나에 멸하는 찰나적 존재라 하고, 그 변화 과정을 생주이멸(生住異滅)로 나누어 한 찰나에 이 4가지 모습을 나타낸다고 한다. 즉 색법과 심법의 작용을 일으키는 것을 생상(生相)이라 하고, 일시 안주시키는 것을 주상(住相), 쇠하게 변화시키는 것을 이상(異相), 멸하게 하는 것을 멸상(滅相)이라 한다.

그런데 유부에서는 이와 같이 미래에 대기하고 있는 법이나, 현재의 한 순간에 인식되는 법, 과거로 물러난 법, 모두 다 실재(實在)한다고 하여 '삼세실유(三世實有)'를 주장하는 것이다.

유부는 이 독특한 '삼세실유'설에 의해 무상의 구조를 밝히려고 했다. 유부가 이와 같이 '법이 과거·현재·미래에 존재한다'고 주장한 이유는, 과거에 행한 인간의 선악업이 미래에 반드시 그 결과를 가져오기 위해서는 삼세에 법이 존재하지 않으면 안 된다고 하는 요청에 의한 것이다.

4) 업감연기

다음, '일체개고(一切皆苦)'에 관해서는 '고'는 우리들의 잘못된 행위(업)에 의해 일어나고 그 잘못된 행위는 번뇌(惑)에 의해 일어난다고 하는, 소위 혹(惑)·업(業)·고(苦)에 의해 인간은 무한히 고통스러운 윤회를 되풀이한다고 생각했다.

즉, 우리들의 윤회생존은 무지(無明)와 번뇌(惑)에 의해 습관적 행위(業)를 일으키고, 그 힘으로 생사의 고(苦)를 되풀이하고 있다는 것이다. 그러므로 이 혹·업·고의 입장에서 십이연기설을 해석하여, 12개의 각각은 과거·현재·미래의 삼세에 걸친 삼세양

중(三世兩重)의 인과를 나타내는 것으로서, 과거의 행위가 원인이 되어 현재의 삶을 가져오고, 현재의 행위가 원인이 되어 미래의 삶을 가져온다고 하는 업감연기설(業感緣起說)을 전개하였다. 지혜의 힘으로 이 인과의 관계를 끊고(離繫), 그것들이 모두 멸했을 때 해탈이 실현된다고 한다.

혹(惑), 즉 번뇌에 관해서는 인과관계에 있는 여러 법 가운데 윤회생존을 조장하는 존재를 오염된 법, 즉 유루(有漏)라 하고, 인과의 구속은 받고 있지만 그 구속을 벗어나는 방향, 곧 멸을 향해 노력하는 작용을 가진 여러 법은 멸 그 자체와 마찬가지로 오염되지 않은 법이므로 무루(無漏)라 한다.

간단히 말해서 번뇌를 가진 마음상태를 '유루'라 하고, 번뇌를 멸한 마음상태를 '무루'라 하는 것이다. '루'란 번뇌를 의미하며, 유부에서는 모두 98개의 번뇌(九十八隨眠)를 열거하였다.

또한 유부에서는 업(業)의 문제도 여러 각도로 검토했다. 즉 업을 일종의 물질적 존재로 간주하고, 신(身)·구(口)·의(意)의 3종류로 나누었다. 이 가운데 의업(意業)은 마음의 작용이기 때문에 심(心)에 속하지만, 신업(身業) 즉 행동과 구업(口業) 즉 말은 각각 신체와 입을 사용하기 때문에 물질적 요소가 된다고 한다.

5) 오온상속설

'제법무아(諸法無我)'에 대해서는, 유부는 '무아설'을 충실히 해석했기 때문에 행위나 윤회의 주체를 특별히 상정하지는 않았지만, 인간존재로서의 오온이 찰나찰나에 변화하면서 지속해 간다고 하는 '오온상속설(五蘊相續說)'을 주장하고, 이것을 보강하기 위해 마음과 관계없는 여러 가지 작용이나 힘, 즉 명근(命根 ; 心不相應行法의 하나)의 존재 등을 상정했다.

여기서 말하는 오온상속설이란, 인간존재로서의 오온은 모든 법의 인연에 의해 5가지 요소가 결합하여 이루어진 것이기 때문에 이름뿐인 임시적인 것이지만, 구성요소로서의 모든 법은 실유(實有)라고 하는 것이다. 이렇게 되면 유부에서 말하는 법(法)은 외교(外敎)에서 말하는 '아(我)'와 마찬가지로 고유의 성질을 가진 자기존재(自我)가 되므로 제법무아의 도리에 어긋난다.

이에 다른 부파에서는 무아설을 존중하면서도 행위나 윤회의 주체가 없어서는 안 된다고 생각하였다. 그리하여 독자부에서는 푸드갈라(Pudgala, 補特伽羅)를 상정하고 그 본체는 오온과 동일하지도 않고 다르지도 않다고 하는 '비즉비리온(非卽非離蘊)의 아(我)'를 주장하였고, 화지부는 해탈에 도달하기까지 지속하는 특별한 원리인 '궁생사온(窮生死蘊)', 대중부는 '근본식(根本識)', 정량부는 '불실괴(不失壞)', 경량부는 무한한 과거로부터 계속적으로 존속・화합하고 있는 미세한 의식(意識)인 '일미온(一味蘊, 種子)'을 상정하여, 이것을 업과 윤회의 주체로 삼아 무아설과의 모순을 해결하려고 했다. 이 가운데 경량부의 '종자'설은 후에 대승 유가행파의 '아뢰야식'으로 발전해 간다.

6) 열반관

'열반적정(涅槃寂靜)'에 대해서, 유부는 열반의 의미나 열반에 이르는 수행단계를 상세히 상정했다. 즉『초전법륜경』에 서술된 석가모니의 수행 모습을 모델로 하여, 계(戒)・정(定)・혜(慧)

삼학의 수행에 의해 '고'의 근본원인인 98개의 번뇌를 모두 끊은 마음의 상태가 열반이며 해탈이라고 했다.

이것을 구체적으로 설명하면, 수행자는 먼저 계율(戒)을 지키고, 선정(定)에 들어, 사성제의 의미를 반복적으로 이해·학습함으로써 지혜(慧)가 생긴다. 이 지혜에는 일종의 힘이 있으며, 이 힘에 의해 98개의 번뇌가 하나씩 끊어지는 것이다. 모든 번뇌가 끊어진 마음의 상태가 열반이며, 이 경지에 달한 수행자를 아라한(阿羅漢, arhat)이라 부른다.

모든 번뇌를 끊은 아라한도 살아 있는 동안은 유위(有爲)인 육체가 남아 있으므로 아직 완전한 열반을 얻었다고는 할 수 없다. 그러므로 이것을 유여의열반(有餘依涅槃)이라 한다. 그러나 육체가 없어진 사후에는 완전한 열반에 들게 되므로 이것을 무여의열반(無餘依涅槃)이라 한다.

이상과 같은 유부의 아비달마사상에 대해, 후에 일어난 대승불교는 일체법은 모두 공(空)이라 하여 법(法)의 실유(實有)사상을 비판하고, 또한 사성제의 학습보다는『자타카(本生譚)』에 기록된 석가모니의 자비행의 모습(보살)을 모델로 하여 육바라밀의 수행을 강조하였다.

4. 아비달마불교의 남방전파 — 남방불교

그 후, 아비달마불교는 인도 각지뿐만 아니라 국외로도 전해졌다. 마우리아 왕조의 아쇼카 왕(재위 기원전 268~232년경)은 멀리 시리아·이집트·마케도니아·스리랑카 등에 전도사절을 파견하였다. 왕자 마힌다와 왕녀 상가밋타는 스리랑카로 건너가 상좌부 계통의 불교(Theravāda)를 전했다.

　스리랑카는 그 후 타이·미얀마 등의 남방불교권의 중심지가 되어 현재에 이르고 있다. 남방불교는 남전(南傳)불교라고도 하며, 석가모니만을 귀의의 대상으로 삼고, 계율을 중시여겨 석가모니 이래의 보수적인 전통의 정신에 철저하며, '팔리어성전(대장경)'을 신봉하고 있다.

　인도에서 아비달마불교가 존속한 것은 13세기 초에 이슬람교가 침입하여 불교가 멸할 때까지였다.

제5절 대승불교

대승불교의 성립과 그 활약은 불교사를 내용적으로 풍부하게 끌어올렸을 뿐 아니라 불교를 세계의 종교로 대두시키는 원동력이 되었다.

대승(大乘)이란 '마하야나(Mahāyāna)'의 번역 말로서, 음을 따서 '마하연(摩訶衍)'이라고도 한다. '마하'는 '대(大)', '야나'는 '탈것(乘)'이라는 뜻이므로 '마하야나'는 깨달음으로 향하는 '큰 탈것'을 의미한다.

대승이라는 말을 처음으로 사용한 것은 『반야경』이다. 단지 자신의 깨달음, 즉 자리(自利)만이 아니라 남을 구제하는 이타(利他)에 더 비중을 두고, 출가 중심의 '소승'보다 광범위하고 위대하다는 이유에서 '대승'이라 부르게 되었다.

1. 대승불교운동

마우리아 왕조 붕괴 후, 서북인도 전체에는 대혼란이 있었다. 즉 기원전 2세기에 그리스의 왕들이 차례로 침입하여 여러 왕조를 세웠으며, 그 후 파르티아 인(安息人)·사카 족(塞族), 기원후 1세기에 쿠샨 족(月氏族)이 대제국을 구축하였는데 그것은 3세기 중

반까지 계속되었다.

　남인도인의 안드라 제국이 장기간에 걸쳐 힌두문화를 보호·지지하고, 북인도 쿠샨 왕조의 카니시카 왕과 같이 불교를 후원하고 보호한 왕도 있었다. 그러나 이들을 제외하면, 이민족의 지배를 받은 북인도와 서인도의 주민은 약탈과 폭정에 고통받았다. 이때의 정황은 비교적 늦게 성립된 팔리『장부』에 기록되어 있다.

　그러나 외래민족은 침입 직후에는 갖가지 폭행을 저질렀지만 지배가 장기화됨에 따라 문화·경제·사상 등의 상호교류를 꾀하였다. 그 결과 외래의 여러 민족이 불교에 귀의한 예도 적지 않으며, 또한 외래 권력자로 인해 카스트제도의 규제가 약해져 개인 활동이 상당히 자유롭게 되었다.

　이러한 시대조류 속에서, 세월이 갈수록 교리학적으로는 한층 더 전문화되어 가고, 실천 수행 면은 형식화되어 출가 위주의 풍조를 낳았던 부파불교 교단에 비해, 그들과는 달리 부파불교의 폐단을 벗어나 구도자 석가모니의 근본정신으로 되돌아가자고 하는 혁신적 성격을 띤 갖가지 운동이 오랜 세월 동안 인도 각지에서 성숙되고 추진되어 드디어는 대승을 선언하게 되었다.

　이들은 부파, 특히 아비달마의 체계 완성에 열중한 전통적 보수파인 설일체유부(일부는 대중부)로부터 많은 것을 흡수하면서도 아비달마에 대한 고집을 신랄하게 비판·비난하였다. 또한 초기불교에서 아비달마불교까지의 엘리트들이 거의 개인적으로 자기의 수행완성에만 열중했던 것에 반해, 그들은 서로 협동하고 제휴하여 이전에는 거의 생각할 수 없었던 자타(自他)의 구제라고 하는 테마를 심각하게 논구하였다. 때로는 절대적인 힘을 갖춘 구제자를 내세워 그것에 신심을 다하기도 하였다.

아무튼 지금까지는 극히 일부에서 어렴풋하게 보이고 있던 것에 지나지 않던 이념이 이 대승불교운동에 의해 부각되고 확대되어 일종의 이상(理想)으로 뭉쳐지면서 드디어 대승불교운동으로 분출하게 되었던 것이다.

이러한 추진은, 기원전 1세기경에 부처님의 유골을 모신 불탑을 중심으로 모여, 부처님의 덕을 찬양하고 부처님의 힘으로 안심입명을 기원했던 재가신자들을 모체로 하고, 재가자들의 지지를 받은 출가자들 가운데서 일부가 지도자가 되어 진행되었다고 추정되고 있다.

그들은 출가・재가를 막론하고 석가모니와 동일한 깨달음을 얻을 수 있다는 것을 자각하고 스스로를 보살 즉, 구도자라 부르며 육바라밀을 실천함으로써 자리・이타의 완성자인 부처가 되기를 원했다.

그러나 이 운동은 획일적이지 못하고 다양한 신앙 내용을 가진 다수의 집단으로 구성되어 있었기 때문에 운동 과정에서 다른 여러 집단과 접촉・합류하였다. 그러는 과정에서 대승운동의 주역을 맡은 출가자들이 부처님의 덕을 찬탄하는 새로운 경전을 만들어 교리를 정비해 갔다. 이것이 대승경전이다.

초기의 대승경전은 불탑신앙을 설하고 불전(佛前)에서 참회・예배하기를 권하며 보시 등의 이타행을 설했으나, 운동이 전개됨에 따라 경전 그 자체의 공덕을 고양하고, 그 숭배를 설하기에 이르렀다. 말하자면 대승경전이 대승불교 그 자체가 된 것이다. 그러는 사이에 대승불교는 독자적인 교리를 비약적으로 발전시켜 갔다. 그러나 교단으로서는 독자적인 율장(律藏)도 없으며, 그 형태도 명확하지 않다.

2. 대승불교의 전개와 발달

1) 중관·유식파의 역사적 전개

초기 대승경전 후에도 대승경전은 지속적으로 만들어져 2세기경까지는 『반야경』을 위시하여 『화엄경』, 『법화경』, 『아미타경』, 『대무량수경』, 『유마경』 등 갖가지 유명한 경전이 성립되었다. 용수(龍樹, Nāgārjuna, 150~250년경)는 『반야경』의 가르침을 기본으로 '공(空)'의 이론을 체계적으로 규명하여 『중론(中論)』을 저술하고, 『대지도론(大智度論)』에서 『반야경』을 주석하면서 대승의 교리를 정리하여, 그 기본이 제법(諸法)의 '연기(緣起)' '무자성(無自性)' '공(空)'을 설하는 점에 있다는 것을 밝혔다.

용수 이후 100년 정도 사이에 대승경전은 더욱 증가하여 『여래장경(如來藏經)』, 『승만경(勝鬘經)』, 『열반경(涅槃經)』 등의 여래장(如來藏)이나 불성설(佛性說), 『해심밀경(解深密經)』의 유식설이 출현했다.

유식설은 유가행파(瑜伽行派, Yogācāra)라 불리는 사람들의 소산으로서, 『유가사지론』의 '성문지(聲聞地)'를 그 선구로 삼는다. 이 파는 4, 5세기경 무착(無着, Asaṅga)과 세친(世親, Vasubandhu, 혹은 天親) 형제가 '연기'와 '공'을 인식론과 실천론의 입장에서 재해석함으로써 확립되었다.

세친은 유가행파의 조(祖)라 불리는 미륵(彌勒)의 저술과 무착의 『섭대승론(攝大乘論)』 등에 주석을 달고, 스스로 『유식삼십송(唯識三十頌)』 등을 저술하였다. 세친을 전후하여 여래장설과 유식설을 합하여 설하는 『능가경(楞伽經)』이 나타났으며, 『대승기신론(大乘起信論)』의 사상형성에도 영향을 미쳤다.

세친 이후 유가행파는 많은 학승을 배출했다. 그러나 6세기에는 유가행파의 유식설이 마음의 분석을 주로 하여 식(識)이 있다고 주장하는 것에 반대하여, 용수학설의 후계자들이 공성설(空性說)을 주장하며『중론』을 근거로 중관파(中觀派, Mādhyamika)를 형성하였다. 이후 대승불교는 유가행파의 유식설과 중관파의 공성설의 2파로 나뉘어 서로 논쟁을 계속하면서 발전하였다.

그 과정에서 유가행파의 흐름을 이어받아 논증법(論證法)으로서 인명(因明), 즉 논리학이 발달하였다. 유가행파의 진나(陳那, Dignāga, 5세기)에 의해 확립되었고, 이후 법칭(法稱, Dharmakīrti, 7세기)에 의해 대성하였다.

학설의 발전 결과, 논쟁은 학파의 내부에도 미쳐 유식설에서는 인식론상, 식(識) 자체에 표상(表象, ākāra, 相)을 동반하느냐 않느냐를 둘러싸고 유상유식(有相唯識)과 무상유식(無相唯識)으로 나뉘어 대립하였다.

한편 중관파는 용수 이래의 '무(無) 입장의 입장'을 주장하고 상대방 논증의 모순을 찌르는 '푸라상가'논법을 취하였지만, 청변(淸弁, Bhāvaviveka)은 자파(自派)도 독립적인 논증식(論證式)을 가져야 할 것을 주장하였다.

그러나 청변의 논증방법은 월칭(月稱, Candrakīrti)에 의해 비판되었으며, 이를 계기로 중관파는 두 파로 분열되었다. 후세에 청변 계통을 자립논증파(自立論證派, Svātantrika), 월칭 계통을 귀류논증파(歸謬論證派, Prāsaṅgika)라 불렀다. 8세기경 유가행파와 중관파가 정밀한 학설을 경쟁하는 과정에서 중관사상을 기본으로 유가행사상이 통합되었다.

대승불교사상의 흐름으로서는 이외에도 법화(法華) 일승(一乘)의 가르침을 발전시킨 『승만경』이나 『열반경』에 보이는 '여래장' '불성'의 가르침이 있으며, 그 조직화된 논서로는 『보성론(寶性論)』과 『대승기신론』이 있다. 독자적인 학파를 형성하지는 못했으며, 계통적으로는 유가행파에 속한다.

이상의 설명에서 알 수 있는 바와 같이, 대승불교의 철학사상은 용수의 중관사상, 세친의 유식사상, 학파를 형성하지 않은 여래장사상의 3가지로 요약할 수 있다.

2) 밀교의 등장

이와 같이 승원(僧院)을 무대로 철학적 불교가 전개되어 간 것에 반해, 7세기 후반부터 대승불교는 종교로서의 새로운 생명을 필요로 하여 민중 사이에 밀교(密敎)라고 하는 새로운 불교운동이 대두하게 되었다.

밀교란 비밀불교란 의미로서, 주술적인 종교의식을 통해 신비적인 교리를 설하는 가르침이다. 밀교의 뿌리는 대승경전 가운데 설해져 있는 다라니 등과 같은 주력(呪力)을 존중하는 것에서 찾아볼 수 있지만, 거슬러 올라가면 『아타르바베다』의 주법(呪法)으로 이어지며, 널리 인도사상 전체에 그 뿌리를 내리고 있다.

밀교는 불교 이외의 민간신앙을 대폭 수용하여 『대일경(大日經)』, 『금강정경(金剛頂經)』 등에 의해 교리의 체계화를 확립하였다. 이후 다시 『비밀집회(秘密集會)』나 『호금강(呼金剛)』 등의 저술을 거쳐, 최후로 『시륜(時輪)탄트라』의 본초불(本初佛)설을 낳음으로써 후기 대승불교의 중요한 부분을 형성하였다. 그렇지만 인도 토착신앙과의 습합 등으로 좌도성(左道性 ; 쾌락주의 邪道)을 강하게 띠었다. 밀교는 인도불교 최후의 모습을 보여 주고 있는 것이다.

13세기 초에 이슬람교의 침입에 의해 인도불교가 소멸하게 되자, 대승불교는 네팔 등 주변 지역에만 남게 되었다. 네팔은 대승불전을 현재까지 전해 주었고 이들은 오늘날 불교학 발전에 초석이 되고 있다.

3. 대승불교의 국외 전파 — 북전(北傳)불교

쿠샨 왕조의 카니시카 왕(재위 120~162년경)은 중앙아시아·이란까지 세력을 넓혔으며, 설일체유부를 보호하고 불교 여러 부파의 경제적 기반을 구축하였다. 그러므로 부파불교는 물론 대승불교도 널리 신봉되어 히말라야 산맥을 넘어 중앙아시아·중국·티벳으로 전해지게 되었다. 이와 같이 북쪽을 경유하여 전해진 대승불교를 북방불교 혹은 북전(北傳)불교라 한다.

한때 단절은 있었지만 8세기 후반부터 인도의 대승불교를 계속적으로 수용한 것이 티벳불교이다. 티벳불교의 본격적 전파는, 인도와 중국 양쪽에서 거의 동시에 이루어졌다. 발전 형태를 달리하고 있던 양 불교에 대해 선택의 기로에 서 있던 티벳 사람들은 양자에게 교의의 논쟁을 시킨 후 인도불교를 선택하였다.

당시의 인도불교는 이미 소승에서 대승으로 발전하였으며, 그것도 유식파에서 후기중관파로 주류가 옮겨져 월칭 계통의 귀류논증파와 청변 계통의 자립논증파로 나뉘어진 데다가 밀교가 등장하여 복잡한 양상을 보이고 있었다.

이러한 인도불교를 도입한 후 1세기도 못되는 사이에 티벳불교계는 방대한 티벳 어역 대장경을 편찬하였으며, 성숙기의 인도불교를 번역해 가는 과정에서 점차로 티벳불교의 성격이 형성되어 결과적으로 의례 중심의 밀교색을 강하게 띠게 되었다. 티벳불교는 국교로서 정착하여 독특하게 발전하였으며 동시에 몽고에도 전해졌다.

중국은 기원 전후에 중앙아시아를 경유하여 인도불교를 도입한 이래, 8세기에 이르기까지 인도불교의 역사적 발전 단계에 일부 대응·수용하면서 교상판석(敎相判釋)이라는 방법으로 소승을 포함한 전 불교를 체계화하여 대승불교를 우위에 놓았다. 수·당대에 이르러서는 인도적 색채를 완전히 탈각하고 중국 독자적인 불교를 형성하였다.

중국불교가 한국에 전해진 것은 4세기 후반, 한국에서 일본에 전해진 것은 6세기 전반이다.

4. 대승경전

기원 전후에 열렬한 재가신자와 뜻 있는 몇몇 출가자들이 불탑을 거점으로 모여, 출가 위주의 아비달마불교와는 다른 입장에서 대승불교운동을 일으켰다는 것에 대해서는 이미 서술하였다.

대승불교의 보급과 함께 그들은 새로운 불·보살의 개념을 도입하여 석가모니가 직접 설한 형태를 취한 경전을 저술하였다. 이것이 대승경전이다.

대승경전은 역사적 인물인 석가모니에 의해 설해졌다는 것을 표방하기 위해, 경의 처음에 '여시아문(如是我聞)', 즉 '이와 같이 나는 [부처님으로부터] 들었다'고 하는 정형구를 붙이고 있다.

이러한 대승경전에 대해, 대승불교의 모든 경전은 석가모니가 직접 설한 것이 아니라고 하는, 소위 '대승비불설(大乘非佛說)'이 대승경전 출현 이후 때때로 제기되어 논란이 되기도 하였다.

이에 대해 대승불교를 변호하는 사람들은, 불(佛)을 시간과 공간을 초월한 존재로 보고 그 초월불·절대불의 가르침을 불교라 한다면, 역사적 존재인 석가모니의 가르침은 극히 일부에 지나지 않을 것이라 생각하였다.

이리하여 그들은 진실하고 참다운 가르침은 초월불로부터 직접 계시를 받은 사람들을 통해 설해질 수 있다고 생각함으로써 '대승비불설'을 극복하고 있다. 여기서 잊어서는 안 되는 것은 대승경전을 저술한 작자들의 선한 의도를 의심해서는 안 된다고 하는 것이다.

아무튼 이렇게 해서 만들어진 대승경전은 현재 전해지고 있는 것만 해도, 세는 방법에 문제가 있기는 하지만 한역으로 약 1,200부, 티벳 어역으로 약 1,900부의 방대한 양에 이른다.

경전의 원어는 푸라크리타(속어, 방언)를 포함하는 넓은 의미의 산스크리트이지만, 이들 대부분은 현재 전해지지 않으며, 극히 일부의 경전이 산스크리트 원본으로 전한다.

장기간에 걸쳐 성립된 많은 대승경전은 시대적으로 분류하여, 중관파의 개조라 불리는 용수 이전까지를 초기, 그 이후부터 유식설을 확립한 세친까지를 중기, 이후 밀교의 성립기까지를 후기로 나눌 수 있다.

1) 초기 대승경전

반야경

처음으로 '대승'이란 용어를 사용한 대승불교의 선구적 경전이다. 보살이 깨달음을 얻기 위해 실천해야 할 보시(布施)·지계(持戒)·인욕(忍辱)·정진(精進)·선정(禪定)·지혜(智慧)의 6가지 덕목 가운데 마지막의 지혜(반야)바라밀을 이론과 실천의 기본으로 삼아 일련의『반야경』이 성립되었다.

'반야'란 분별을 떠나 사물을 전체적·직관적으로 파악하는 지혜이다. 이 지혜에 의해 사물을 있는 그대로(實相) 관찰하여, 모든 사물은 공(空)·불가득(不可得)이라는 것, 다시 말하면 고정적인 실체(본체)를 가지지 않는다는 것을 깨달아 어떠한 것에도 집착하지 않고 이타행을 실천해야 한다는 것이 각 반야경전의 일관된 주제이다. 한편 경전 자체의 독송에 비중을 둠과 동시에『반야경』숭배도 권하고 있다.

『반야경』의 최초 성립은 기원전 1세기경으로 추정되며, 그 후 수세기에 걸쳐 각종『반야경』이 차례로 제작되고 증광(增廣)되었다. 산스크리트 원전도 여러 종류가 현존하고 있다.

『반야경』가운데 가장 오래된 것은『팔천송(八千頌)반야경』(32음절을 1頌이라 계산하여 8,000頌의 양을 가진『반야경』)이며, 이후『일만팔천송반야경』,『이만오천송반야경』에서 드디어는『십만송반야경』까지 증장되었다. 한편 역으로 축소된 경전으로는『금강반야경』,『반야심경』등이 있다. 이것들은 7세기에 현장이 한역한『대반야바라밀다경』600권으로 정리되었다.

화엄경

『반야경』의 경우와 마찬가지로 각 품(장)들이 처음에는 대부분 독립된 것이었지만, 최종적으로는 한역본 60권 혹은 80권의 『대방광불화엄경』으로 정리된 것이 『화엄경』이다. 2, 3세기경에 중앙아시아에서 편찬·집성되었다고 추정되고 있다.

현재 전해지고 있는 대본(大本, 즉 完本) 『화엄경』에는 ①동진(東晋) 시대의 불타발타라(佛馱跋陀羅, 359~429)가 번역한 60권본 34품, ②당대(唐代)에 실차난타(實叉難陀, 652~710)가 번역한 80권본 39품, ③티벳 역 115권 45품이 있으며, 티벳 역은 80권 『화엄경』과 내용이 비슷하다. 또한 별본(別本)으로는 당대(唐代)에 반야(般若, 8~9세기)가 번역한 40권본이 있으며, 이것은 대본 가운데 「입법계품」만을 따로 번역한 것이다.

60권 『화엄경』을 '구역(舊譯)' '진경(晋經)', 80권 『화엄경』을 '신역(新譯)' '당경(唐經)', 40권 『화엄경』을 '정원경(貞元經)'이라고도 한다. 산스크리트 원전이 남아 있는 것은 「십지품(十地品, Daśabhūmiśvaro-nāma-mahāyāna-sūtra)」과 「입법계품(入法界品, Gaṇḍavyūha-sūtra)」뿐이다.

화엄대본은 『반야경』에서 발전한 대승불교의 교리와 보살행의 계위(階位) 등을 조직·종합하여 화엄보살도(華嚴菩薩道)로서 체계화하였다. 특히 부처님의 깨달음 그 자체를 비로자나불(毘盧遮那佛)의 말을 초월한 세계로서 표현하고 있는데, 거기에서는 모든 사물이 각각 자기 본연의 모습을 가지면서도, 또한 전체를 포함하고 있다고 하는 통일적인 세계관을 제시하고 있다. 이 관점에서 보면 보리심을 방금 일으킨 보살이라 하더라도 부처와 동등하다고 간주된다.

「십지품」등은 보살의 수행단계와 거기서 얻어지는 지혜를 환희지에서 법운지까지 십지(十地)로 나누어 점진적으로 서술하고 있으며, 「입법계품」은 선재동자가 53명의 선지식을 만나 가르침을 받으면서 수행해 가는 과정을 묘사하고 있다.

교리적으로 중요한 것은, 「십지품」제6현전지의 "삼계는 허망하여 오직 한 마음(一心)이 만들어 내는 것이다. 12연분(緣分)은 모두 마음(心)에 의한다."고 설하는 유심연기(唯心緣起)사상이다. 이것은 유식사상의 근거가 되었을 뿐 아니라, 중국 화엄교학에서도 지론종·섭론종의 심식설(心識說)을 거쳐 법계연기설(法界緣起說)로 전개되었다.

정토경전류

중국·한국·일본의 정토교에서 정토삼부경으로 일괄되는 『무량수경(無量壽經)』, 『아미타경(阿彌陀經)』, 『관무량수경(觀無量壽經)』 등이 정토경전류다. 어느것이나 아미타신앙을 내용으로 하고 있지만 그 성립과정은 복잡하다.

『무량수경』과 『아미타경』은 1, 2세기경에 서북인도에서 성립되었으며, 『관무량수경』은 서북인도 혹은 중앙아시아에서 4, 5세기경에 『무량수경』의 영향을 받아 성립되었을 것이라고 추정하고 있다.

내용은 법장이라는 보살이 이타행(利他行)과 서원(誓願)의 결과 아미타불이 되어 자신의 불국토, 즉 극락정토를 마련하였으며, 중생이 그 나라에 태어나기를 서원한다면 아미타불의 성원에 힘입어 극락정토에 태어나 깨달음을 얻게 된다고 한다.

수행방법으로는 3가지 경전 모두 일심(一心)으로 염불할 것을 권하고 있지만, 『관무량수경』에서는 다른 두 경과는 달리 관불(觀佛)이 주가 되어 있다.

법화경

'흰 연꽃과 같이 올바른 법(法)'이란 뜻을 제목으로 하는, 8권 28품으로 된 경이다. 『묘법연화경(妙法蓮華經)』 혹은 『정법화경(正法華經)』이라고도 한다.

원전 성립은 1, 2세기경으로 추정되며, 처음부터 현재와 같은 대부의 경전으로 성립된 것이 아니라 중심이 되는 8품 내지 10품이 먼저 성립된 후 몇 차례의 증광을 거쳐 현재의 형태가 되었다고 한다. 특히 관음신앙이나 보현보살의 원행(願行)에 대한 상찬(賞讚)을 내용으로 하는 「관세음보살보문품」(『觀音經』)과 「보현보살권발품」 등은 후세에 부가된 것으로 보고 있다.

이 경의 「방편품」 제2에서는 우주의 통일적 원리를 십여시(十如是)로 설명하여 이것을 일승묘법(一乘妙法)이라 하고, 성문·연각·보살의 삼승(三乘)은 중생을 일불승(一佛乘)으로 인도하기 위한 방편의 가르침이라고 하는 삼승방편(三乘方便)·일승진실(一乘眞實)의 사상을 설한다.

또한 「여래수량품」 제16에서는 역사적 존재인 석가모니는 임시적인 모습이며, 참다운 불타는 오랜 옛날에 성불한 영원불멸한 존재(久遠實成의 佛)라고 하는 구원(久遠)의 본불(本佛)사상을 강조하고 있다.

『법화경』에서는 위의 두 내용이 특히 중요하며, 교리를 설함에 있어서 비유를 많이 쓰고 있는 것이 특징적이다. 또한 실천으로서 보살행을 설하고 있으며, 『법화경』을 수지하고 포교하는 공덕을 강조한다.

  2) 중기 대승경전

여래장 계통

  일체의 중생에게는 여래가 될 가능성(如來藏), 혹은 이미 여래 (如來)라고 하는 불성(佛性)을 갖추고 있다고 하는 여래장사상을 주축으로 하는 것이 여래장경전이다. 『대방등여래장경(大方等如來藏經)』, 『앙굴마라경(央掘魔羅經)』, 『유마경(維摩經)』, 『승만경(勝鬘經)』, 『대반열반경(大般涅槃經)』 등이 여기에 속한다.
  어느것이나 초기의 여러 경전을 계승·발전시켜 부처님의 깨달음, 법신의 영원성, 부처의 지혜의 불가사의함을 강조하며, 모든 중생에게는 다 불성이 있다는 '일체중생 실유불성(一切衆生 悉有佛性)'을 근거로 삼아 본래의 불성을 자각하기를 권하고 있다.
  특히 『유마경』과 『승만경』에서는 각각 유마거사와 승만부인을 주인공으로 내세워 재가불교주의를 전면에 부각시키고 있다. 또한 『대반열반경』(한역 40권 혹은 36권)은 선근(善根)이 끊어진 극악무도한 일천제(一闡提)의 중생에게도 불성이 있음을 설한다.
  『대반열반경』 전반 10권은 비교적 오래되어 4세기경에 성립되었다고 추정되며, 그 이후의 부분은 중앙아시아에서 정리되었을 가능성이 있다고 한다.

유식 계통

  대표적인 경전 『해심밀경(解深密經)』은 인간 마음의 근원을 '아뢰야식'이라 부르고, 모든 인식·행위는 아뢰야식 속에 축적되고 또한 거기에서 발현된다고 한다. 그러므로 중생은 이것을 충분히 이해하고, 끊임없는 수행을 통해 이 아뢰야식을 불(佛)의 지혜로 전화(轉化)시켜야 한다고 설한다.

설하는 방법은 경전의 형태를 유지하고 있지만, 논리적으로 정밀하여 논서의 성격까지도 엿볼 수 있다. 이 경전과 함께 현존하지 않는 『대승아비달마경』 등을 근거로 하여 무착과 세친(5세기)이 유식설을 체계화했다.

또한 『능가경』은 아뢰야식의 사고방식을 설하므로 일단 유식계의 경전으로 간주하지만, 여래장 계통의 흐름을 이어 복합적인 성격을 가지고 있다.

이 시기에는 초기경전의 증광과 그룹화가 진행됨과 동시에, 예를 들면 지장신앙의 원초 형태를 보이는 『지장십륜경(地藏十輪經)』 등 다라니를 포함한 많은 경전이 성립되었다.

3) 후기 대승경전

중기 대승경전 시대에 나타난, 경전과 논서가 평행하는 현상은 이후 논서 중심으로 이론이 전개되고, 대승불교도 승원(僧院)에 들어박히는 경향이 현저해져 갔다.

한편 재가신자는 주술적인 민간신앙과 접촉을 가지면서 다라니나 특수한 인계(印契)·만다라를 중심으로 하는 의식을 행하는 등 서서히 밀교적 경향으로 흘러 갔다.

이미 6세기에 성립된 『문수사리근본의궤경(文殊師利根本儀軌經)』은 밀교적으로 잡다한 신앙 형태를 보이고 있다. 그러나 7세기가 되면 2대 밀교경전인 『대일경(大日經)』과 『금강정경(金剛頂

經)』이 성립되고, 대일여래(大日如來, 대비로자나불)를 중심으로 부처님의 대자비와 지혜를 상징하는 태장계(胎藏界)만다라와 금강계(金剛界)만다라의 구상을 확립한다. 이것에 의해 중생이 불성을 가지고 있다는 것과 성불해 가는 과정, 그리고 그것을 위한 세부적인 의례(儀禮)를 규정하였다.

수행으로서는 부처님의 법신과 하나가 되는 요가(瑜伽)를 중시하고 있으며, 『비밀집회(秘密集會)』에서는 그 방법을 상세히 설하고 있다.

5. 대승불교의 철학사상

1) 중관파

중관파(中觀派, Mādhyamika)는 인도 대승불교 2대 학파의 하나다. 초기의 대승경전 중에서도 대표적인 『반야경』을 배경으로 하여, 최초의 대승논사인 용수(龍樹, Nāgārjuna, 150~250년경)의 『중론송(中論頌)』을 기초로 공관(空觀)을 선양한 학파이다.

전체적으로 초기·중기·후기로 나눈다. 그 사상은 완전한 지혜인 반야바라밀을 획득하는 방법으로서, 모든 것이 공(空)이라는 것을 자각하는 점에 귀착하여, 이것을 논리적·실천적으로 전개하는 것을 주안점으로 삼았다.

초기중관파

초기중관파는 2세기경에 출현한 용수와 그 제자인 제바(提婆),

그리고 그 직접적인 영향하에 있던 논사들로 대표되며, 청목(靑目)·바수(婆藪) 등이 포함된다.

용수는 남인도의 바라문 가문에 태어나 당시의 모든 학문에 정진한 후 불교로 전향하여 원시불교와 부파불교의 여러 설을 습득하고, 이윽고 동북인도로 옮겨 대승불교를 배웠다.

중국·한국·일본의 대부분 종파가 그를 개조로 삼고 있는 점에서 '팔종(八宗 ; 모든 종파)의 조(祖)'라 부르고, 또한 주저『중론(中論)』외에 수많은 저술이 있는 것에서 '백본논사(百本論師)'라고도 부른다.

『중론』의 첫머리에

생하지도 않고(不生) 멸하지도 않고(不滅), 항상도 아니고(不常) 단절도 아니고(不斷), 단일도 아니고(不一) 복수도 아니고(不異), 오지도 않고(不來) 가지도 않고(不出), 연기(緣起)는 모든 희론(戲論)을 잘 적멸(寂滅)시킨다고 설하신 모든 설법자 가운데 최상인 저 부처님께 나는 예배한다.

라고 하는 말은, 용수사상의 중심이 어디에 있는가를 가장 잘 나타내 주고 있다.

한마디로 말하면, 그는 종래 불교사상의 중심 테마였던 사물의 자성(自性)을 들어, 사실은 모두 연기에 의해 성립하지만 그 연기는 사물의 실체성을 부정하고 있다는 것을 논리적으로 밝혔다. 이것이 부정논증(否定論證)을 특질로 삼는 '공'의 논리이다. 이것에 의해 초기 대승불교에 있어서의 공사상이 확립되었다.

'공'이란 무자성, 즉 사물이 실체로서 존재하는 것을 부정하는 것이다. "생하지도 않고 멸하지도 않고······."라고 하는 부정은, 실체로서 존재한다고 보여지고 있던 모든 사물을 여러 가지 관계성에서 이해하고 있던 종래의 연기설을 부정하는 것이다. 다시 말하면 연기라고 하는 관계성 그 자체가 '공'이라는 것을 말하고 있는 것이다.

이것은 『중론』에 "연기하는 것을 즉 공이라 설한다. 이것은 가명(假名 ; 말에 의한 言表)이며, 중도(中道)에 지나지 않는다."라 하고 있는 것에서도 분명하다.

그런데 관계성이란, 인과관계를 위시하여 논리적 관계, 시간적 관계, 상호작용, 주관과 객관의 관계 등 여러 관계를 포함하고 있다. 사물은 모두 이들 관계에서 성립하고 있다는 것은, 사물이 무자성(無自性)이고 공(空)이라는 것을 나타내고 있다.

무자성이란 실체성의 부정이다. 따라서 사물은 실재하는 것이 아니라 다만 관계성에 의해서만 성립하는 것으로서, 환(幻)과 같은 것에 지나지 않는다. 용수는 이것을 논증하기 위해, 자성을 인정하면 인과관계를 위시하여 모든 사물 일체의 관계성이 모순되고 성립되지 않는다는 것을 논리적으로 밝혔다.

이 논리적 조작이 부정논증(否定論證)이며, 여기에 그가 주로 사용한 것은 푸라상가논법이라 불리는 귀류논증(歸謬論證)이다. 용수의 이 부정은 그 반증(反證)인 대립개념의 긍정을 이끌어 내는 것이 아니라, 어떠한 긍정도 이끌어 낼 수 없는 절대부정이다. 이 점에서 부정이 어떠한 부정의 철학보다 철저하게 되어 있다.

"생하지도 않는 연기"란 '불생(不生)의 생(生)'이라고 하는 것으로서, 그것은 논리적으로 모순을 포함하고 있다. 그러나 이 '불생의 생'이야말로 사물의 관계성을 가장 잘 나타내고 있다. 모순은 그대로 관계성의 참다운 존재방식을 나타내고 있기 때문이다. 이것을 밝히는 것이 바로 용수의 철학사상의 특질인 것이다. "공(空)에 있어서 일체가 성립한다."고 하는 그의 말은, 일체의 사물이 모순을 포함하면서 성립한다는 것을 설하고 있다.(제4장 제1절 '공사상의 성립과 발달' 참조)

용수는 당시 학설을 형성하고 있던 니야야 파·바이셰시카 파·상캬 파 등까지도 비판의 대상으로 삼았으며, 불교 내외에 공사상과 대립되는 것이 있으면, 공의 논법에 의해 그 모순을 파헤쳤다.

제바(提婆, Āryadeva, 3세기)는 스승 용수의 사상을 계승하면서, 『사백론(四百論)』에서 처음으로 실천적인 면에서 공의 사상에 들어가는 준비를 정리할 필요성을 설하고, 보다 체계적으로 공사상을 전개했다.

『중론』에 대해서는 그 사이에 주석서로서 용수 자신의 저술이라고 하는 『무외론(無畏論)』, 한역만 전하는 청목(靑目, Pingala)의 『중론』이 출현했다. 이것과 나란히 비교적 충실한 것으로서 『붓다팔리타주(注)』가 불호(佛護, Buddhapālita, 470~540년경)에 의해 저술되었다.

중기중관파

중기중관파는 5, 6세기의 『중론송』의 주석가들의 시대이다. 5세기 전반경부터 유가행파의 유식사상이 체계화되고, 또한 니야야 학파나 진나(陳那, Dignāga, 480~540년경)의 논리학이 체계화를 꾀하였다.

이에 대응하듯, 중관파라고 하는 학파로서의 의식을 분명히 하면서, 방법론적인 자각으로써 공사상을 전개하려 한 사람이 청변

(淸弁, Bhāvaviveka, 490~570년경)이다.

그는 귀류논법에 의해『중론송』의 이론을 해설한 불호(佛護)를 신랄하게 비판하고, 논리학적인 방법을 적극적으로 도입하여 사물의 공성(空性)은 모두 추론(推論)이나 논증식(論證式)에 의해 논증될 수 있다고 주장했다. 그리고 공성을 논증하기 위한 논증식은, 일반적인 논증법과는 달리 먼저 '승의(勝義)에 있어서는'이라고 하는 한정을 가지며, 또한 공성의 논증에 동반되는 부정은 무엇인가를 정립(定立)한다는 의미를 내포한 정립적(定立的) 부정이 아니라, 어떠한 정립의 의미도 내포하지 않는 비정립적 부정이라고 규정하였다.

"이 사람은 바라문이 아니다."라고 하는 부정명제는, 정립적 부정에 의하면, "이 사람은 크샤트리야다."라는 뜻을 포함하지만, 비정립적 부정에 의하면 "이 사람은 바라문이 아니다."로 끝나 버린다. 예를 들면, 태생은 바라문이라 하더라도 자질이나 행동 면에서 도저히 바라문이라 할 수 없다고 하는 것을 의미한다.

청변은 이 비정립적 부정이야말로 공사상에 꼭 들어맞는 것이며, 이것이 궁극적인 승의로 향하여 행사(行使)되면 통상의 사고(분별)를 초월한다고 생각했던 것이다. 그의 주된 저술『중관심론(中觀心論)』은 이러한 입장에서 저술되었으며, 또한『중론』의 주석서인『반야등론(般若燈論)』은『중론』의 표현형식을 철저히 논증식으로 바꾸었다. 한편『대승장진론(大乘掌珍論)』에서는 유위공(有爲空)·무위공(無爲空)의 두 논증식으로 모든 것의 공성(空性)이 논증될 수 있다고 하는 생각에 도달하고 있다.

그러나 그의 이러한 공성논증의 방법은 월칭(月稱, Candrakīrti, 650년경)에 의해 비판되었다. 월칭은『입중론(入中論)』을 저술할

무렵부터 공성을 내용으로 하는 명제에 '승의(勝義)에 있어서는' 이라고 하는 한정을 붙이는 것에 비판적이었지만, 『중론』의 주석서 『명구론(明句論)』에서는 일보 더 전진하여 청변이 구성하는 것과 같은 논증식이 '승의에 있어서는'이라고 하는 한정을 가지는 것은 독선에 빠지는 것으로서, 대론자(對論者)에게 설득력이 없음과 동시에 중관론자답지 않다고 비난했다.

그는 중관론자는 용수가 말하는 바와 같이 '무입장의 입장'에 서서, 대론자의 주장이 내포하고 있는 논리적인 오류를 지적하면 그것으로 충분하다고 했다.

결국 월칭은 용수의 귀류논증적인 표현형식에 충실하면서 논리학적 방법의 과대시(過大視)를 경고하고, 청변이 비판한 불호를 역으로 변호했던 것이다.

이와 같이 월칭이 불호를 변호하고, 청변을 비판한 것이 원인이 되어 인도 중관파는 두 파로 나뉘게 되었으며, 후대에 청변 계통을 자립논증파(自立論證派, Svātantrika), 불호와 월칭 계통을 귀류논증파(歸謬論證派, Prāsaṅgika)라 부르게 되었다.

후기중관파

청변과 월칭은 방법상 의견의 대립이 있다고는 하지만, 유가행파의 유식사상에 대해서는 다 같이 신랄한 비판을 했다. 그것은 유식사상이 유론적(有論的), 혹은 유아론적(有我論的)인 요소를 가지고 있었기 때문이었다.

이 대립상태는 8세기까지 계속되어, 지장(智藏, Jñānagarbha, 8세기)의 『이제분별론(二諦分別論)』, 적호(寂護, Śāntarakṣita, 725~784년경)의 『중관장엄론(中觀莊嚴論)』, 연화계(蓮華戒, Kamalaśī la, 740~794년경)의 『중관명론(中觀明論)』 등이 저술되어, 유식사상을 중관사상의 도입부분으로 흡수하려는 경향이 나타났으며, 유가행중관파라고 하는 종합학파가 성립되었다. 유가행중관파는 청변 계통의 자립논증파의 방법을 계승함과 동시에 7세기의 법칭(法稱, Dharmakīrti)에 의한 논리학 연구를 근거로 하여, 논리학적 방법을 매우 중시하였다.

예를 들면, 적호는 "자학파(自學派)·타학파가 설하는 모든 존재자(存在者)는, 진실(勝義)에 있어서는 무자성(空)이다. ……" 라고 하는 논증식을 『중관장엄론』의 중심에 놓고, 그것에 의해 모든 것의 공성(空性)이 논증될 수 있다고 했다.

한편 적천(寂天, Śāntideva, 650~700년경)의 『입보리행론(入菩提行論)』은 이와 같은 논리학적 정밀함보다 공성의 실천적인 면을 강조하였다.

이들 이후는 밀교적인 분위기가 짙어 아티샤(Atiśa, 982~1054년)가 밀교를 전면적으로 수용하였다. 그는 그의 『보리도등론(菩提道燈論)』에서 중관사상을 반야바라밀승(般若波羅蜜乘)이라 하여 밀교의 비밀진언승(秘密眞言乘)보다 아래 두었으며, 더구나 월칭 계통의 사상이 전면에 대두되어 논리학적 방법은 후퇴했다. 그는 티벳에 초청되어 티벳불교의 재흥과 발전에 노력하였다.

티벳불교의 개혁자 쫑카파(bTsong kha pa, 1357~1419년)는 아티샤의 생각을 이어 현교(顯敎)와 밀교의 통합을 꾀하였으며, 중관사상에 관한 한에서는 귀류논증파 쪽을 적극적으로 평가하였다. 이것에 의해 15세기 이후의 티벳불교는 월칭 계통의 귀류논증파를 중관파의 정계(正系)로 간주하게 되었다.

한편 인도 중관파의 사상은 중국에 전해져 삼론종(三論宗)이라는 종파를 형성하였다.

2) 유가행파·유식설

유식설은 초기불교 이래의 전통인 유심론(唯心論)을 이어받아 유가행파(瑜伽行派, Yogācāra)에 의해 정리된 대승불교 사상이다.

이 설이 성립된 직접적인 요인으로는 요가(瑜伽) 수행자들의 선정(禪定) 체험, 즉 '모든 사물은 마음(心)이 만들어 낸 영상에 불과하다'고 하는 체험이 유식설을 낳은 근본원인이라 추정되고 있다. 이외에도 『화엄경』의 '삼계유심(三界唯心)'설의 영향, 『반야경』과 중관파의 공(空)사상을 허무적으로 해석하려고 하는 생각을 시정할 필요가 있다는 것, 또한 윤회의 주체를 추구하던 끝에 아뢰야식이라고 하는 근본식을 발견한 것 등을 들 수 있다.

5세기에 완성된 불교의 독자적인 이 유식설은, 현대 용어로 말하면 심리학적인 방법에 의해 마음(心)과 대상(對象)과의 관계에 대해 골격이 되는 이론만을 조직·체계화한 것이라 할 수 있다.

이런 의미에서 불교의 유식설은 현대 유럽의 정신분석과 일맥상통하는 부분도 있다. 20세기 초, 하이데거·야스퍼스·사르트르·까뮈 등에 의해 실존철학이 대두되면서 이것과 병행하여 신경증(神經症) 등을 치료하는 정신과 의사로서 프로이트와 융 등이 등장했다.

특히 프로이트는 잠재의식, 융은 무의식을 내세워, 이것이 인간 의식세계의 원형이라 주장하고 그 해명에 전념하였다. 정신분석이라 불리는 이 길은 종전의 심리학 대신에 현재는 전세계에 알려져 여러 가지 대증요법(對症療法)으로 행해지고 있다. 이 두 사람을 위시하여 다수의 신경과 의사들은 '스트레스'나 '릴랙스'와 같은 용어들을 사용하면서 개인이나 사회의 병태(病態)를 분석하고 새로운 치료법이나 약제 등을 개발하고 사용하여 의료에 큰 공헌을 하고 있다.

이에 반해 불교의 유가행파에서는 요가의 수행에 의해 깊은 선정(禪定)에 도달함으로써 어디까지나 투명한 마음을 얻는 것을 목표로 하여 이것에 대응하는 분석과 이론을 체계화했다.

현대의 정신분석은 병을 치유하여 정상적인 건강체로 복귀시키는 것을 목적으로 한다. 이에 비해 유식설은 모든 대상을 개인의 표상(表象)에 집어 넣는 과정에서 모든 번뇌를 분석하면서 그 근원을 파헤쳐 요가(선정)에 침잠(沈潛)하는 가운데 깨달음을 얻어 해탈에 도달하는 것을 가르치고 있다.

유식관계 자료

유가행파 최초의 경전으로는 『대승아비달마경』과 『해심밀경(解深密經)』이 있다. 『대승아비달마경』은 현재 전하지 않지만 다른 논서에 인용된 문구나, 무착이 저술한 『섭대승론(攝大乘論)』을 통해 그 내용을 엿볼 수 있다.

한편 『해심밀경』은 미혹한 현실을 직시하고 그 속에서 우글거리고 있는 범부의 마음을 망식(妄識 : 잘못된 識)이라 규정하고, 생존의 근원으로서의 마음(心)을 아뢰야식(阿賴耶識)이라 이름하여, 이것을 잠재적 심층심리적인 마음의 무의식 영역이라 간주하였다.

이 경에는 이외에도 여러 가지 유식의 용어들이 등장하는데, 그 중에서도 특히 '오성각별(五性各別)'을 설하는 점이 주목된다. 불교의 기본인 평등사상이 『법화경』이나 여래장 계통의 경전에서는 모든 중생을 성불시키는 일승설(一乘說)로 결실을 맺고 있다. 그러나 『해심밀경』에서는 이것을 불완전하다고 평가하였다. 그리하여 성문·연각·보살 3종류의 종성(種性)과 아직 종성이 결정되지 않은 부정(不定)종성, 그리고 절대로 구제받을 수 없는 극악무도한 무종성(無種性)을 들어, 이들 오성(五性)의 차이를 주장하였다.

이 경을 한문으로 번역한 현장(玄奘)은 이러한 구별이 차별적으로 받아들여질 것을 우려하여 이 설의 취급에 매우 고심하였다고 한다. 또한 유식설에 근거하여 중국에서 생겨난 법상종은 이 설로 인해 평등설에 입각한 천태종이나 화엄종의 심한 비난을 받았다.

이상과 같은 유식설을 종합하고 체계화한 것은 무착(無着, Asaṅga, 390~470년경, 혹은 310~390년경)과 세친(世親, Vasuvandhu, 400~480년경, 혹은 320~400년경) 형제였다.

전설에 무착은 미륵(彌勒, Maitreya)의 가르침을 받았다고 하기 때문에 예로부터 미륵을 유가행파의 개조(開祖)라고 하는 설도 전해져 온다. 미륵의 저작이라 불리는 5종류의 논서 가운데 『대승장엄경론(大乘莊嚴經論)』과 『중변분별론(中邊分別論)』이 중국과 티벳에 전해져 번역되었다. 또한 현장이 번역한 『유가사지론』 100권이 미륵의 저술로 중국에서 중요시되었지만, 이 많은 저작이 미륵 한 사람에 의해 저술되었을 것이라고는 생각되지 않는다.

더구나 이 중 일부의 산스크리트 본이 최근 발견되어 출간되었다. 아무튼 미륵에 관해 기록한 문장에는 전설적인 요소가 많으며, 신비성까지 섞여 있어 미륵의 실존을 부정하는 설도 강하다.

무착과 세친은 간다라의 푸루샤푸라(현재 파키스탄의 페샤와

르)에서 태어나 각각 화지부(化地部)와 설일체유부에 출가했지만 후에는 대승으로 전향하였다.

무착의 주된 저술로는 『섭대승론』을 들 수 있다. 이 책은 반야사상을 근본으로 『해심밀경』, 『대승아비달마경』을 위시하여 미륵의 『중변분별론』, 『대승장엄경론』 등 유가불교를 수용하여 대승불교 전반에 걸친 이론을 종횡으로 전개하여, 유식설뿐만 아니라 당시 대승불교 사상의 한 클라이맥스를 제시하고 있다.

세친도 방대한 저술을 남겼다. 그중 가장 중요한 것만 들어보면, 최초의 설일체유부와 경량부 시절에 저술한 『구사론(俱舍論)』, 형 무착의 권유로 대승으로 전향하는 과정에서 지은 『대승성업론(大乘成業論)』, 전향 후에 유식설을 대성하여 그것을 간결히 논술한 『유식이십론(唯識二十論)』과 『유식삼십송(唯識三十頌)』이 있다.

이외에도 미륵·무착 등의 여러 논서 및 다수의 대승경전에 주석을 붙였으며, 그중에서도 『십지경론』, 『법화경론』, 『정토론』 등은 필수 불가결한 것이다. 다방면에 걸쳐 수많은 저술을 펴냈기 때문에 예로부터 세친이 두 사람일 것이라는 주장도 제기되어 왔다.

세친의 『유식이십론』은 모두 21개의 게송으로 되어 있으며, 각 게송 다음에는 주석이 붙어 있다. 마지막 게송은 맺는말로서 교리를 설한 것이 아니기 때문에 이것을 제하면 20게송이 되므로 '이십론'이라 부른다.

내용은 유식설에 대한 불교 이외의 학파나 아비달마의 비판을 파척함으로써 간접적으로 유식설을 밝힌 것이다. 그 첫머리에 당시 일반적으로 통용되고 있던, 외계의 대상은 그 스스로 존재한다는 실재론을 부정하고, 모든 사물은 오직 식(識)의 다름에 지나지 않는 것이므로 공(空)이고, 마음(心) 속 표상(表象)의 투영에 지나지 않는다고 단정하였다. 이어 전체 문장은 외계의 대상이 존재하지 않는다는 것을 상세히 설명하고 있다.

『유식삼십송』은 세친의 최후의 저작으로서, 불과 30개의 게송 속에 그때까지의 모든 사상을 교묘하게 정리하고 있다. 또한 식전변(識轉變)이라고 하는 새로운 사상을 부가하여 삼계유식(三界唯識)의 요의를 밝힌 명저이다.

세친은 이 책의 주석을 작성하기 전에 세상을 떠났기 때문에 그 주석에는 안혜(安慧, Sthiramati, 510~570년경)의 산스크리트 본이 있다. 또한 호법(護法, Dharmapāla, 530~561년)의 주석에 덧붙여 그 밖의 논사들의 여러 견해를 비판적으로 소개한 현장(玄奘) 번역의 『성유식론(成唯識論)』이 전하고 있다. 특히 『성유식론』은 주석이 매우 상세하여 예로부터 유식설의 해설은 모두 이 책에 의하고 있다.

이하, 위에서 소개한 유식관계 저술을 중심으로 유식설의 개요를 간략히 소개하면 다음과 같다.

아뢰야식

『유식삼십송』에서는 일체의 사물은 식(識)의 분별작용에 의해서 임시로 나타난 것이라 하여, 자아의식의 메커니즘을 식(識)의 전변(轉變, 變異) 이론으로 설명하고 있다. 이것에 의하면 '식'이 전변할 때 '식'의 양상에 따라서 아뢰야식・말나식・의식 등 8종류의 식이 순서대로 성립하여, 대상의 존재나 외계가 만들어진다고 한다.

최초로 전변하는 아뢰야식(阿賴耶識)의 원어는 '아라야비즈냐나(ālayavijñāna)'이고, 음을 따서 아리야식(阿梨耶識)・아려야식

(阿黎耶識)이라 부르기도 하며, '아라야'가 주거(住居)·용기(容器)·장(藏)을 의미하기 때문에 뜻을 따서 장식(藏識) 혹은 택식(宅識)이라 부르기도 한다.

종래의 아비달마불교에서는 안식(眼識)·이식(耳識)·비식(鼻識)·설식(舌識)·신식(身識)·의식(意識)의 6식(識)밖에 설하지 않았다. 그러나 유가행파에서는 이들 6식보다 더 깊은 곳에서, 생사윤회를 계속하는 한 언제나 활동을 전개하는 근본적인 마음(心)이 있다고 생각하였다. 이것을 제8식, 즉 아뢰야식이라 이름붙였다.

아뢰야식은 신체 속에 잠재하여 신체를 생리적으로 유지해 가는 근원적인 마음(心)이다. 다시 말하면, 신체의 구석구석까지 퍼져 있으며, 깨어 있든 잠자든 언제나 마음의 깊은 곳에서 활동을 계속하여 신체를 부패시키는 일이 없이 유지해 가는 마음인 것이다.

또한, 아뢰야식이 일명 일체종자식(一切種子識)이라 불리는 것에서도 알 수 있는 바와 같이, 아뢰야식은 표층적인 신(身)·구(口)·의(意) 삼업의 영향이 종자가 되어 머무르는 장소이다. 즉 과거 업의 결과가 종자가 되어 아뢰야식 속에 저장(熏習)되고, 이 종자는 아뢰야식 속에서 성장·발달하며, 새로운 연(緣)을 만나면 다시 새로운 업이 되어 싹을 내고, 그 업은 다시 새로운 종자를 심는다.

이와 같이 표층적인 마음(現行識)과 심층적인 마음(아뢰야식)이 상호 인과적으로 유기적인 관계에 의해 계속 존속해 간다고 하는 것에서 아뢰야식 연기설이 제창되었으며, 일체는 아뢰야식에서 만들어진 것이라고 하는 입장에서 유가행파는 유식설을 주장했다.

아뢰야식은 한편으로는 안식(眼識) 내지 말나식(末那識)의 7식을 만들어 냄과 동시에 다른 한편으로는 심신뿐만 아니라 자연계(器世間)까지도 만들어 내어 이것들을 계속적으로 유지하고 인식한다. 원시불교 이래 제창되어 온, 자기존재(自己存在)의 일부를 형성하는 '식(識)'이라는 개념이 유식설에 이르러서는 우주전체를 형성하는 기본체(基本體)를 가리키는 말로까지 발전한 것이다. 이것을 제1의 전변(轉變)이라 부른다.

아뢰야식의 다른 이름으로는 '일체종자식' 외에 이숙식(異熟識)·아타나식(阿陀那識)·무구식(無垢識, 阿末羅識) 등이 있으며 마지막의 '무구식'은 더러움이 없어진 무구청정한 아뢰야식을 말한다. 오염된 식을 바꾸어 청정한 지혜를 얻는 것(轉識得智), 환언하면 아뢰야식 중의 모든 오염된 종자를 멸하여 청정한 종자만으로 가득 채우는 것(轉依), 이것이 유가행파의 궁극적 목표이다.

말나식

제2의 전변으로서 아뢰야식 외에 또 다른 심층적 마음, 즉 사량(思量)을 본성으로 삼는 말나식(末那識, mano nāma vijñāna)이라는 자아집착심을 설했다. 이 심층적인 자아집착심은 아뢰야식에 근거하여 활동하고, 아뢰야식을 대상으로 삼는다. 그러나 아뢰야식은 개인 존재의 주체이기는 하지만 본래 찰나에 생하고 찰나에 멸하는 것이기 때문에 결코 상주불변하는 실체로서의 자아(我, 아트만)와는 본질을 달리한다. 또한 아뢰야식에서 나온 말나식은 자기를 만들어 낸 아뢰야식을 바라보며 그것을 '나'라든가 '우리'라고 잘못 알아 그것에 집착하는 것이다.

그러므로 말나식은 이미 발생할 때부터 자아를 중심으로 하는 번뇌, 즉 ①자아에 대한 무지(我癡), ②자아에 대한 잘못된 견해

(我見), ③자아에 대한 오만한 마음(我慢), ④자아에 대한 애착(我愛)이라고 하는 4가지의 근본번뇌를 동반하고 있어, 이것에 의해 더럽혀져 있다. 그래서 말나식을 '염오의(染汚意)'라 부르기도 한다.

말나식이 아뢰야식에 근거하여 무한한 과거로부터 되풀이되어 온 자아(自我)를 본래 실재하지 않음에도 불구하고 잘못 상정하게 되면 그 잠재된 인상이 다시 아뢰야식 속에 잠재적으로 종자로서 보존된다. 이것의 현재화(顯在化)한 것이 자아의식이다.

제7식인 말나식의 자아의식은 다음에 설명할 제6식인 의식(意識)과 유사하지만, 제6식인 '의식'이 의(意, manas)를 근거로 하여 일어나는 식(識, mano vijñāna)인데 반해, 말나식은 '의(意)라고 이름붙여진 식(mano nāma vijñāna)'이란 의미로서, 의(意) 그 자체를 말한다.

말나식은 제6식인 의식의 배후에서 사량(思量)에 의해 끊임없이 자아의식을 구성하고 있지만, 제6의식이 일으키는 자아의식만큼 명료하지는 못하다. 그러나 말나식의 자아의식은, 예를 들면 제6의식이 잠자고 있을 동안에도 항상 깨어 있으며, 기절했을 때에도 중단되는 일이 없다. 말나식은 끊기는 어렵지만 미세한 인식(認識)이기 때문에 불선(不善)이라 할 정도의 것은 아니며, 더럽혀져 있다고는 하지만 '무기(無記)'이다. 그러나 제6의식이 일으키는 자아의식은 선·악의 심소(心所)에 물들어 있기 때문에 선(善)·악(惡)·무기(無記)의 3가지 경우가 있다.

전6식

제3의 전변으로서 안(眼)·이(耳)·비(鼻)·설(舌)·신(身)·

의(意) 6개의 '식'이 생긴다. 이 6식은 초기불교 이래의 전통설로서, 이 가운데 '안식'에서 '신식'까지의 5개는 현대에서 말하는 시각·청각·취각·미각·촉각의 5감각에 해당된다. 안식(眼識)은 안근(眼根)을 통해 색(色)을 식별하고, 이식은 이근을 통해 소리(聲)를, 비식은 비근을 통해 냄새(香)를, 설식은 설근을 통해 맛(味)을, 신식은 신근을 통해 느낌(觸)을 각각 식별한다.

이와 같이 5식이 각각 개개의 대상을 가지고 있는 것에 대해, 마지막의 의식은 의근을 통해 모든 사물(一切法)을 대상으로 삼는다. 또한 5식은 언어가 개입되지 않는 직접감각(現量)이기 때문에 '무분별(無分別)'이라 하는 반면에, 의식은 감각작용에 들어가 언어를 사용한 사고(思考)나 추론(推論, 比量)을 하기 때문에 무분별과 유분별(有分別)의 2가지 작용이 있다. 이 6식(前六識이라고도 한다)도 아뢰야식에서 만들어져 나온다.

이상과 같이 제8식인 아뢰야식은 제7말나식과 전6식의 7식을 낳고, 결과로서 신체와 자연계까지도 생한다. 7식은 현세적(現勢的)인 것으로서 한 찰나에 생하고 한 찰나에 멸한다. 이것이 현재화(現在化)되었을 때의 인상은 여습(餘習, 習氣)으로서 잠재하는 아뢰야식에 남으며, 이 여습이 재차 종자로서 아뢰야식에 저장(훈습)되고 거기서 성숙되어 다시 발현(發現, 現行)한다. 이와 같은 순환이 한 찰나씩에 일어나는 것이다.

위에서 설명한 3종류의 아뢰야식의 전변은 실은 허구(虛妄分別)이며, 이것에 의지해 있는 자아나 외계의 대상도 모두 허구로서 실유(實有)가 아니다. 이와 같이 일체는 오직 식(識)뿐이라고 하는 결론에서 유식(唯識)이라 한다.

삼성설과 삼무성설

『유식삼십송』의 후반은 지금까지 열거한 전8식(全八識)에 의해 만들어진 마음 본연의 자세, 더 넓은 의미로 말하면 존재(法) 본연의 자세를 변계소집성(遍計所執性)·의타기성(依他起性)·원성실성(圓成實性)의 3가지로 나누어 고찰하는 삼성설(三性說)과, 이것을 부정적으로 표현한 상무자성성(相無自性性)·생무자성성(生無自性性)·승의무자성성(勝義無自性性)의 삼무성설(三無性說)을 설하고 있다. 이 삼성·삼무성설도 유식설을 구성하는 중요한 사상이다.

'변계소집성(遍計所執性)'이란 8식이 만들어 내는 대상의 존재는 완전히(遍) 분별(計)된 성질의 것이라고 하는 의미로서, 그것은 실체가 없는 허망한 것임에도 불구하고 범부들은 실체가 있는 듯이 집착하기 때문에 '소집'이라 한다. 이와 같이 '변계소집성'은 본래 어떠한 실체성도 없기 때문에 이것을 '상무자성성'이라 한다.

'의타기성(依他起性)'이란 타(他)에 의존하는 성질의 것이라고 하는 의미로서, '타'란 인연(특히 과거의 업)을 가리킨다. 현상세계의 온갖 법(法)은 반드시 어떤 인연에 의존하여 생하는 것이기 때문에 그 단독으로 존재하는 것은 없다. 이와 같이 타에 의존하여 생하고, 독립적으로 존재하는 것(自然性)은 없기 때문에 '생무자성성'이라 한다.

'원성실성(圓成實性)'이란 완성(圓成)된 진실한 성질의 것이라고 하는 의미로서, 깨달음에 의해 체득된 진여(眞如)를 말한다. 이것은 궁극적 진리(勝義)로서는 실유(實有)지만, 궁극적 경계인 승의제(勝義諦)의 세계에서 보면 그 '식'까지도 존재하지 않는 식무(識無)·경무(境無)의 공(空)의 입장에 서 있으므로 어떠한 실체성도 없기 때문에 '승의무자성성'이라 한다.

　이와 같이 대상(境)과 식(識)이 완전히 멸한 경지가 되면, 주체도 객체도 사라져 그 구분(분별)이 없어지고, 주체와 객체는 무이(無二)가 되어 주객일체(主客一體)의 지(知)가 나타나게 되는데, 이것을 무분별지(無分別智)라 한다.

　여기서 말하는 '무분별지'는 가장 숭고하고 청정한 지(知)로서, 진여(眞如;'있는 그대로'라는 뜻)라고도 한다. 이 무분별지는 지금까지의 지(知)와는 전혀 다른 상태로 전화(轉化, 轉依)함으로써만이 얻어지는 것이므로(이 이론은 십이인연설의 無明을 明으로 바뀌게 하는 것을 구체화하고 있다), 이것을 전식득지(轉識得智)라 한다.

　이러한 경지는 유가행, 즉 요가의 실천에 의해 비로소 도달된다고 하였다. 그래서 이 파의 사람들은 '식'의 존재를 인정하고, 그 '식'을 오염된 상태에서 청정한 상태로 변화시키기 위해 요가(禪定)의 실천수행에 전념하였다.

　이상이 '삼성'의 기본적 개념이지만, 여러 경론에는 이외에도 다른 해석들이 보이고 있다. 그 대표적인 학설로서 무착(無着)의 『섭대승론』에는 '삼성'의 정의를 들어, '의타기성'을 아뢰야식에서 표상(表象)된 11종류의 식(識)이라 하고, '변계소집성'은 그 식은 유식성(唯識性)임에도 불구하고 거기에는 유(有)이면서 미망(迷妄)인 대상(境)이 현현(顯現)하고 있는 것이며, '원성실성'은 '의타기성'에서 대상의 실재성을 부정할 때 번뇌를 여읜 진여가 실현된 것이라 설하고 있다.

　이것은 '의타기성'에서 잡다하게 오염된(雜染分) 변계소집성이 성립할 때 미망의 세계가 출현하고, 그 변계소집성을 부정하여 청정한(清淨分) 원성실성이 성립할 때 깨달음의 세계가 출현한다고 설하는 것이기 때문에, 일반적으로 염정이분(染淨二分)의 '의타기성설'이라 부르고 있다.

그런데 변계소집성은 무(無)이고, 원성실성은 유(有)지만, 의타기성의 유·무에 대해서는 여러 학설 간에 차이가 있다. 세친 이전의 초기유식설에서는, 의타기성은 환상과 같이 실체성이 없는 것이지만, 그러나 현상으로서 현현하고 있기 때문에 허무(虛無, 全無)는 아니라고 설했다.

이에 반해 『성유식론』에 나타난 호법(護法)의 학설은, 의타기성은 인연에 의해 생한 것이기 때문에 실유(實有)라 주장하고 있다. 이 호법의 설은 현장에 의해 중국으로 전해져 법상종(法相宗)이 되었다. 한편 중국 섭론종의 기본이 된 유식설에서는, 의타기성의 비유(非有)·불생(不生)을 강조하였다.

유가행파의 분열

세친에게는 많은 제자가 있었다고 하며, 유식설은 점점 전문화되고 치밀화되어 갔다. 5세기 초에 세워진 나란다의 대승원(大僧院)은 그 중심이 되었다.

6세기 초에 나란다 출신인 덕혜(德慧, Guṇamati)는 서인도의 바라비로 옮겼으며, 그 제자에 안혜(安慧, Sthiramati)가 배출되었다. 한편 덕혜보다 조금 후대에 진나(陳那, Dignāga, 480~540년경)가 출현하여 눈부신 활약을 하였으며, 그의 설은 호법에게로 전해졌다. 위의 두 계보는 『유식삼십송』의 내용 해석을 둘러싸고 의견의 대립이 생겨, 후세에 전자를 무상유식(無相有識), 후자를 유상유식(有相有識)이라 불렀다.

원래 인도철학의 여러 학파에서는, 사물을 지각(知覺)할 경우, 외계에 존재하는 사물의 형상을 마음 본연의 모습과는 관계없이 있는 그대로 인식한다고 보는 생각과, 외계의 사물은 마음 가운데 생한 형상에 의해 추론(推論)되는 것에 불과하다고 보는 생각이 대립하고 있었다. 전자를 무상식론(無相識論), 후자를 유상식론(有相識論)이라 하는데, 유가행파는 '마음이 마음을 본다'고 하는 기본적 입장에서 보면 당연히 유상식론에 속한다.

그런데 마음속의 형상의 존재성을 둘러싸고 유가행파 가운데서도 대립이 일어나, 마음속의 형상은 비실재이며 허위라고 간주하는 무상유식파와, 형상은 일방적으로 부정되어야만 하는 것이 아니라 실재한다고 생각하는 유상유식파로 나누어졌다. 전자는 미륵에서 시작하여 무착→세친→덕혜→안혜→진제로 이어지는 흐름이고, 후자는 진나로부터 시작되어 무성(無性)→호법→계현, 나아가 중국의 현장으로 이어지는 흐름이다.

또한 인식작용에 대한 고찰이 깊어짐에 따라, 마음은 몇 개의 부분으로 나누어져 인식이 성립하는 것일까 하는 문제가 제기되었다. 그리고 나누어지는 마음의 수를 둘러싸고 의견이 대립하였다.

예로부터 '안난진호일이삼사(安難陳護一二三四)'라 부르는 바와 같이, 안혜는 일분설(一分說), 난타(難陀, Nanda)는 이분설, 진나는 삼분설, 호법은 사분설을 각각 주장했다고 전한다. 마음의 이분화는 이미 미륵 등의 논서에서 소취(所取)·능취(能取)라는 말로 표현되고 있었지만, 진나의 소량(所量)·능량(能量)·양과(量果)의 삼분설을 거쳐 호법의 사분설, 즉 인식은 상분(相分)·견분(見分)·자증분(自證分)·증자증분(證自證分)의 4부분의 관계에서 성립한다고 하는 생각이 정립되었다.

유식설이 인도철학사에서 공헌한 업적의 하나는, 논리학 즉 인명(因明)을 발전시킨 것이다. 이미 미륵·무착 때부터 논리학은 하나의 고찰 대상이었지만, 진나가 종래 인(因)의 삼상(三相)에 새롭게 구구인(九句因)이라고 하는 이론을 첨가한 신인명(新因明)을 확립함으로써 불교논리학은 급속히 발전해 갔다.

앞에서 설명한 유상유식파의 사람들은 마음속의 형상, 특히 언어를 중시하고 언어에 의한 인식 내지 판단에 의해 진리·진실에 다가가려고 하였으며, 티벳 문헌 속에 논리추종파라 불리는 바와 같이, 주로 논리학에의 종사에 전념했다.

이 경향은 11세기에 활약한 후기 불교논리학파를 대표하는 즈냐나슈리미트라(Jñanaśrīmitra)까지 미치지만, 이와 같이 유식설이 논리학으로 기울어지는 경향은 유식설 그 자체의 쇠미를 조성하는 것이었다. 유가행파는 중국에 전해져 섭론종·법상종을 형성했다.

3) 여래장사상

여래장의 정의

유식설과 거의 비슷한 시기에 생겨난 새로운 사상으로서 여래장사상이 있다. 여래장(如來藏)은 '타타가타 가르바(tathāgata garbha)'의 번역으로, '타타가타'는 여래(如來), '가르바'는 태(胎, 容器)를 의미하므로 장(藏)이라 번역한다.

전체적인 의미는 '모든 중생은 그 태(胎)에 여래(佛)를 품고 있다'는 뜻으로서, 이에 근거하여 모든 중생은 부처가 될 가능성이 있다고 주장한 사상이다. 또한 여래장을 '부처가 되는 인(因)'이라고 하는 의미에서 불성(佛性)이라고도 한다.

이 사상의 기원은 『반야경』의 공관(空觀)에 입각하면서도, 『화엄경』「성기품(性起品)」의 여래의 지혜 작용의 보편성 주장이나, 『법화경』의 삼계의 중생은 모두 불자(佛子)라고 보는 일승(一乘) 사상 등을 계승하여, 『여래장경』이 "일체중생은 그 속에 여래를 품고 있다."고 선언한 것에서 비롯한다.

『여래장경』은 용수보다 늦게, 즉 3세기 후반 이후에 성립되었다고 추정된다. 이 경에서는 부처님의 출현과는 상관없이 "일체중생의 여래장은 상주불변하다."는 것을 9개의 비유를 들어 설하고 있다. 9개의 비유는 다음과 같다.

(1) 꽃봉오리 속에는 열매를 맺을 눈이 숨겨져 있다.

(2) 꿀을 지키고 있는 벌을 쫓아 내면 꿀을 딸 수 있다.

(3) 껍질을 벗기면 곡물이 나온다.

(4) 순금은 더러운 곳에 떨어져도 변하지 않기 때문에 그 장소만 알면 언제라도 꺼내어 사용할 수 있다.

(5) 가난한 집에 있는 아무도 모르는 보물은 발견될 때까지는 소용이 없다.

(6) 암라과(菴羅果)의 종자는 씨 속에 들어 있기 때문에 파괴되지 않으며, 땅에 심으면 대수왕(大樹王)이 된다.

(7) 순금으로 만든 불상을 누더기에 싸서 길에 버려 두면 모르는 사람은 더럽다고 한다.

(8) 비천한 여인이 전륜성왕을 잉태하고 있어도 그녀 자신은 아무것도 모르고 비천한 아기일 것이라 생각한다.

(9) 순금의 불상을 주조해서 땅에 던져 두면 외형적으로는 검고 더럽지만 내부는 변함이 없다.

이와 같이 모든 중생은 번뇌에 싸여 있지만 그 속에는 본래 청정한 여래의 법신(法身)을 가지고 있다고 하는 것이다.

이후 여래장은 『부증불감경(不增不減經)』, 『승만경(勝鬘經)』에 의해 이론적으로 심화되었다. 『승만경』에서는 상주불변하고 진실한 법 그 자체인 법신에 번뇌가 휘감겨 달라붙어 있어도 여래장이라 부른다고 정의하고, 여래장은 자성이 청정하고 불생불멸이어서 모든 것의 원동력이 되며, 번뇌에 물들지 않는다고 하는 것을 설하고 있다. 그러나 법신과 번뇌의 관계에 대해서는 아직 해결하지 못한 부분을 남기고 있다.

한편 『열반경』에서는 대아(大我)를 설하여 이것을 불성이나 열반과 동일한 것으로 간주해서 여래장이라 부른다. 또한 '모든 중생은 모두 불성을 가지고 있다'고 하는 소위 '일체중생 실유불성(一切衆生 悉有佛性)'을 근거로 모든 중생이 부처가 될 수 있는 길을 열었다.

여기에는 불교의 기본적 입장인 평등사상이 철저하게 나타나 있으며, '잇찬티카(icchāntika)'의 음을 따서 번역한 일천제(一闡提)의 성불문제를 고심하고 있다. 일천제란 탐욕적인 사람, 이양(利養)을 탐내어 세간에 집착하는 사람을 말하며, 본래는 성불의 가능성이 없기 때문에 '선(善)을 행할 소질을 끊고 있다'고 하여 단선근(斷善根)이라 한다. 이러한 사람을 『열반경』에서는 엄하게 비판하고 공격하면서도 궁극적으로는 그 성불을 승인하고 있다.

그러므로 『열반경』에서는 여래장 대신에 '불성'이라는 말을 사용하며, 그 원어는 불계(佛界, buddha dhātu ; 佛의 因) 혹은 불종(佛種, buddha gotra)이라 되어 있다.

이 경은 또한 중생이 갖추고 있는 불성을 외부에서 번뇌가 덮어 더럽히고 있다고 하여 객진번뇌(客盡煩惱)라 하고, 이것이 청정한 마음까지 타락시키는 일은 없다고 주장했다. 그러나 이것은 부처와 대력(大力)의 보살만이 알 수 있는 일이므로 중생은 다만 믿고 따르기만 하면 된다고 한다. 이와 같은 대담한 긍정은 부정적 표현이 넘치는 『반야경』이나 그 외의 경전들과는 전혀 다른 것이며, 그 때문에 중국불교계에서 크게 환영받았다.

이와 같이 여래장사상은 사물에 대한 견해를 가르친다고 하기보다는, 수행의 주체인 사물의 본질을 탐구하여 그것이 부처와 동질인 것을 강조하는 것으로서, 소급하면 『법화경』의 일승(一乘)사상이나 『화엄경』의 법신편만(法身遍滿)의 교설로 이어진다.

여래장사상의 발달

여래장사상은 학파로서 형성되는 기회를 갖지는 못했으나, 유가행파의 사상 속에 체계적으로 수용되어 원성실성(圓成實性)이나 불(佛)의 삼신설(三身說)의 기본이 되었다.

법신의 궁극적인 실재성, 나아가서는 여래장의 실재성을 강조하는 점에서 중관파의 공사상과 대립하지만, 공성(空性)의 유(有)를 설하는 유식설과는 일치한다.

한편 수도론적으로는 성문·연각·보살의 삼승(三乘)과, 아직 종성이 결정되지 않은 부정종성(不定種性), 그리고 절대로 구제될 수 없는 극악무도한 무종성(無種性)의 차이를 인정하는 오성각별(五性各別)설을 주장한 유가행파와 대립한다. 그러나 모든 중생을 성불시키는 일승(一乘)의 입장에 선 점에서는 중관파와 일치한다.

여래장사상은 이상의 여러 경전을 거친 후 5세기 초에 유가행파인 견혜(堅慧, Sāramati, 4세기 말~5세기)가 저술한 『보성론(寶性論)』에 의해 한층 더 체계화되었다. 이 책은 근년에 한역, 티벳 역외에 산스크리트 본이 발견되어 많은 연구가 진행되고 있다.

『보성론』에 의하면, 여래장은 깨달음을 얻기 이전의 이름으로서 '더러움을 동반한 진여(有垢眞如)'라 규정하고, 이에 대해 전의(轉依)에 의해 청정하게 된 여래의 법신을 '더러움을 여읜 진여(無垢眞如)'라 하여 양자를 구별하고 있다. 또한 전자를 본성청정(本性淸淨), 후자를 이구청정(離垢淸淨)이라 부르기도 한다.

그러나 이런 상태의 차이는 있지만, 본질상 여래장은 여래의 법신과 같은 진여이고, 번뇌소전(煩惱所纏)이면서도 불(佛)과 같은 덕성과 작용을 내장하고 있다고 한다. 이에 '법신'과 '진여'와 '여래의 종성(種性)'을 나열하여 여래장의 본질을 구성하는 3가지 측면이라 간주하고, ①법신의 편재성(遍在性)에서 보면 중생은 대우주의 여래 법신의 태아로서 모두 법신 가운데 있으며, ②진여의 무차별성에서 말하면 중생은 그 속에 여래와 같은 진여를 태아로서 가지고 있으며, ③여래의 종성(=因)이 있다고 하는 의미에서 중생은 여래가 될 종자를 태아로 가지고 있다고 한다.

이 주장의 궁극적인 근거는 법신의 편만성(遍滿性), 즉 여래의 자비에 근거하는 지혜의 빛이 중생 한사람 한사람에게 침투되어 있다고 하는 것에서 찾을 수 있다.

이와 같이 이 사상은 모든 것을 불(佛)의 일원(一元)으로 귀착시키고 있지만, 인간의 마음은 본래 청정하기 때문에 원래 번뇌가 없다(空)고 한다. 이 생각을 밀고 나가면 수행무용론(修行無用論)으로 확대될 가능성도 있지만, 이 견해는 다만 불(佛)의 입장에서 본 것이며, 깨닫지 못한 존재는 이해할 수 없다는 것이다.

따라서 불설(佛說)을 믿고 가르침을 받은 대로 신해(信解)하는 것을 전제로 하는 것이다. 이 점에서 여래장사상은 신(信)의 종교이며, 유가행파의 행(行)의 입장과 대조적이다. 여래장사상은 학설상으로는 유가행파의 부수적인 종파와 같은 존재가 되었지만, 종교적으로는 강력한 힘이 있다.

한편 자성청정심을 그 내용으로 하고 있는 점에서, 여래장은 허망분별(虛妄分別)인 아뢰야식과 표리의 관계에 있다고 하여, 여래장사상과 유식설을 종합하는 설이 『능가경』에 의해 제창되었으며, 이 설은 다시 『밀엄경(密嚴經)』과 『대승기신론』에 계승되어 거의 완성을 보게 되었다.

다만 『능가경』은 한편으로는 유심(唯心)을 강조하면서, 전체적인 기조(基調)로서는 공관적(空觀的) 성격이 짙으므로 여래장사상이 그 중심이 되어 있다고는 말하기 어려우며, 일종의 대승 종합설이라 할 수 있지만 그것도 잡다하게 끌어 모은 감이 없지 않다.

『대승기신론』은 위의 두 사상을 실로 교묘하게 통괄하여, 자성청정심인 여래장과 더러움까지도 생(生)하는 아뢰야식은 상반되는 두 개가 대립하면서도 결코 떨어질 수 없는, 동일한 마음의 겉과 속의 관계에 있는 것이라 하여 동일시하고 있다.

또한 여래장의 자성청정심의 발현을 각(覺)이라 하고, 각(覺)이 완전히 나타나는 것이 불(佛)이며, 불(佛)의 본성을 본각(本覺)이라 부른다. 범부는 불각(不覺)일 수밖에 없지만, 이 불각에서 각의 힘이 점차로 강해져 이윽고 유식설을 통하여 각(覺)이 완전히 나타나게 되면 성불이 실현된다고 하는 점에서, 이것은 시각(始覺)이기도 하다.

『대승기신론』은 이와 같은 각(覺)과 유식의 식(識)에 대해 세분하고 종합하여, 진여인 심성(心性)과 망념의 세계(無明)인 현실과의 일종의 모순적 통일을 꾀하였다. 이것에 의하면 아뢰야식은 진망화합식(眞妄和合識)으로, 범부의 어리석음 속에 깨달음의 힘이 있고, 어리석기 때문에 깨닫는다고 하는 논리를 설한다.

『대승기신론』은 분량이 적은 책이지만 대승불교의 궁극적 진리를 설하고 있으므로 예로부터 많은 사람들에게 널리 애용되어 왔다. 그러나 이 책이 인도찬술인지 중국찬술인지에 대해서는 아직도 정설이 없다.

여래장사상은 밀교의 중심사상인 즉신성불(卽身成佛 ; 이 몸 그대로 부처가 되는 것)설에 영향을 미쳤을 것으로 추정되고 있다. 한편 중국에 전래되어 섭론종의 정식연기설(淨識緣起說) 형성의 기본이 되었다.

제4장

불교교리 · 교단 발달사

제1절 불교 기본교리의 발달사
제2절 교단의 성립과 발달

제1절 불교 기본교리의 발달사

1. 연기사상의 발달과 전개

불교는 철저하게 고뇌로부터 해탈을 목표로 하는 종교이며, 우리들은 이 과제를 떠나서 불교를 이해할 수 없다. 그러면 석가모니는 어떻게 고뇌를 멸하여 해탈을 실현했을까?

이것은 고·집·멸·도의 사성제의 가르침에도 잘 설해져 있지만, 고뇌를 멸하여 해탈을 얻는 과정은 석가모니가 보리수 아래 앉아서 내관(內觀)·사유(思惟)한 소위, 연기관(緣起觀)에 구체적으로 나타나 있다.

석가모니가 해탈을 실현하는 데 가장 문제가 되는 것은 무명(無明), 즉 무지(無知)임을 깨닫고, 무명이란 어떠한 것이며, 또한 어떻게 하면 멸할 수 있는가를 설한 것이 '연기설(緣起說)'이다.

'연기(緣起, paṭiccasamuppāda)'는 '연생(緣生)' 혹은 '인연(因緣)'이라고도 하며, 그 뜻은 사물이 서로 의지해 생기(生起)하는 것, 또는 생기해 있는 것을 말한다.

초기불교 자료, 예를 들면 『숫타니파타』에 '쾌와 불쾌에 의해(緣하여) 욕망이 있다(일어난다)'거나 '집착에 의해(緣하여) 이 세상의 갖가지 고(苦)가 있다'고 하는 것은 쾌(불쾌)와 욕망, 집착과 욕망 등 2개의 관계를 설한 것이지만, 때로는 3개 혹은 여러 개로 확대한다. 이와 같이 서로 관계되는 항수가 증가하여 6개, 10개 등을 거쳐 십이연기설까지 성립하였다.

원시불교의 연기설

원시불교의 연기설 가운데는 여러 가지가 있지만, 가장 발달된 형태는 십이연기설(十二緣起說)로서, 그 순서는 ①무명(無明)―②행(行)―③식(識)―④명색(名色)―⑤육입(六入)―⑥촉(觸)―⑦수(受)―⑧애(愛)―⑨취(取)―⑩유(有)―⑪생(生)―⑫노사(老死)이다.

이것은 최초의 무명, 즉 인간존재의 근원적인 무지로 인해 우리들 현실의 고통스러운 삶이 있으므로, 무명을 멸하면 우리의 고통도 멸한다고 하는 논리이다. 말하자면 우리가 경험하는 현상계의 모든 것은 서로 의존관계, 소위 연기(緣起)의 관계에 있다는 것을 말하는 것이다.

그러나 이들의 관계는 시간적으로 전후하는 인과관계뿐 아니라 현실 삶의 원리를 설명하기 위해 채용된 존재의 상의성(相依性)이라고 하는 공간적인 관념도 포함되어 있다.

경전에 의하면 이 십이연기설은, 먼저 노사(老死)로 대표되는 고뇌의 원인을 규명하여 생(生)을 발견하고, 같은 방법으로 계속 규명하여 드디어 무명(無明)에 이르게 되었다.

이리하여 ①사물의 진실한 도리를 깨닫지 못하는, 인간의 근원적인 무지 즉 무명(無明)이 있기 때문에 인식작용을 나타내는 의지활동인 행(行)이 있고, ②행이 있기 때문에 개체를 통일하기 위한 인식작용을 가진 식(識)이 있으며, ③식이 있기 때문에 정신(名)과 육체(色)로 구성된 명색(名色)이 있고, ④명색이 있기 때문에 지각기관인 안·이·비·설·신·의의 육입(六入)이 있으며, ⑤육입이 있기 때문에 외계와 접촉하는 촉(觸)이 있고, ⑥촉이 있기 때문에 대상을 감수(感受)함으로써 일어나는 감각이나 감정인 수(受)가 있으며, ⑦수가 있기 때문에 본능적인 애(愛)가 있고, ⑧애가 있기 때문에 집착인 취(取)가 있으며, ⑨취가 있기 때문에 기초적 생존인 유(有)가 있고, ⑩유가 있기 때문에 생존의 시작인 생(生, 태어남)이 있으며, ⑪생이 있기 때문에 늙고 죽는 ⑫노사(老死)가 있다는 것을 순서대로 관(觀)하는데, 이것을 순관(順觀)이라 한다.

또한 역으로 고(苦)가 멸하는 원인을 규명하면 생(生)의 멸을 발견하고, 같은 방법으로 계속 규명하면 드디어 무명의 멸에 이르게 된다. 이리하여 무명이 멸하면 행이 멸하고, 행이 멸하면 식이 멸하고, 생이 멸하면 노사가 멸한다고 역으로 관하는데, 이것을 역관(逆觀)이라 한다.

이것에 의하면, 순관은 현실의 삶을 설명하는 원리가 되고, 역관은 노사의 고통은 무명을 끊음으로써 달성된다고 하는 해탈의 근거를 제시해 주고 있다. 또한 역관의 '멸'은 무명이 스스로 무명임을 깨달아 무명에서 명으로 역전(自己轉換)한다고 하는 논리에 근거를 두고 있다.

따라서 석가모니가 말하는 고뇌로부터 해탈의 길은, 고뇌의 원인을 무명에서 발견하고 이 무명을 멸하여 명에 도달하는 것이라 할 수 있다.

십이연기설은 후에 각 항을 생략하여

이것이 있으면 저것이 있고, 이것이 생하면 저것이 생한다.

제1절 불교 기본교리의 발달사

이것이 없으면 저것이 없고, 이것이 멸하면 저것이 멸한다.
(잡아함경 권15)

고 하는 간략한 표현도 만들어졌다. 이것은 모든 존재는 상의상관 관계에 있다고 하는, 연기의 기본적 정의를 잘 표현하고 있다.

석가모니의 성도를 기록하는 여러 경전에 "여래가 세상에 출현했건 출현하지 않았건 항상 변함없는 진실한 법성(法性)."이라 설하는 것은, 이러한 연기의 진리성을 서술한 것이다.

연기의 도리를 깨달음으로써 고뇌로부터 해탈을 꾀하려고 하는 방법은 여러 다른 인도철학사상에는 보이지 않는 불교의 독자적인 입장이다.

그런데 원시불교 경전에는 연기의 구조에 대해서 명확히 밝혀져 있지 않다. 때문에 연기의 구조를 규명한 것이 아비달마불교이며, 불교교리는 이 연기의 도리를 중심으로 발전했다고 해도 과언이 아니다.

아비달마불교의 연기설

아비달마불교에서는 무아설의 입장에서 윤회를 연기(緣起)로 이해하고, 특히 설일체유부에서는 십이연기설을 업사상과 결합하여 과거・현재・미래의 삼세에 걸친 업보(業報)의 인과로서 파악하여 삼세양중인과(三世兩重因果)설을 제시하고, 업감(業感)연기설을 전개하였다.

즉 유부에서는 십이연기 중의 무명(無明)과 행(行)이 과거세의 두 인(因)이 되어, 식(識)・명색(名色)・육입(六入)・촉(觸)・수(受)라고 하는 현재세의 5개의 과(果)를 초래하고, 애(愛)・취

(取)・유(有)가 현재의 3가지 인이 되어, 생(生)・노사(老死)라고 하는 2개의 과를 초래한다고 주장했다.

이 연기는 삼세에 걸쳐 과거세와 현재세, 현재세와 미래세의 이중의 인과를 나타내고 있으므로 삼세양중의 인과라 부르는데, 십이연기 중에서는 두 번째의 행(行)과 열 번째의 유(有)가 중심되는 업으로서 연기하는 직접적인 요인이라 간주하였다.

또한 설일체유부에서는 미망에 싸인 생존의 메커니즘과 전미개오(轉迷開悟)의 과정을 인과의 문제로써 해명하기 위해 인・연・과를 더욱 세분하여 육인(六因)・사연(四緣)・오과(五果)로 나타내고 있다.

육인(六因)은 능작인(能作因)・구유인(俱有因)・동류인(同類因)・상응인(相應因)・변행인(遍行因)・이숙인(異熟因)의 6개이고, 오과(五果)란 증상과(增上果)・사용과(士用果)・등류과(等流果)・이숙과(異熟果)・이계과(離繫果)의 5개를 말한다.

능작인(能作因)이란 넓은 의미로 사물을 생하게 하는 원인으로서, 결과의 발생을 방해하지 않고 간접적으로 결과발생의 원인이 되는 것을 말하는데, 이 능작인은 원인에 의해 부가된 요소를 가진 증상과(增上果)를 낳는다.

구유인(俱有因)은 지・수・화・풍의 4원소처럼 동시에 공존하여 상호원인이 되는 것이며, 상응인(相應因)은 구유인 가운데서 특히 심(心)과 심소(心所)를 분리한 것으로서, 이 두 개는 동일한 기반 위에서 서로 원인이 되어 있다. 구유인과 상응인이 낳은 결과는 인간의 신체작용과 비슷하기 때문에 사용과(士用果)라 부른다.

동류인(同類因)은 일정한 범위 내에서 나중에 일어난 같은 성질의 것의 원인이 되는 것이고, 변행인(遍行因)은 동류인 가운데서 다른 모든 번뇌의 원인이 되는 것을 분리한 것이다. 동류인과 변행인은 같은 성질의 등류과(等流果)를 낳는다.

이숙인(異熟因)은 선악의 업을 말하는 것으로서, 선인(善因)은 낙과(樂果), 악인(惡因)은 고과(苦果)로서 가치적으로 변질한 이숙과(異熟果)를 낳는다.

이상과 같이 원인에 대해서는 6종류를 세우지만, 동일한 종류의 인과관계를 마음의 작용과 번뇌에 관해 별립하고 있으므로, 결과적으로 4종류가 된다. 이것에 번뇌를 끊음으로써 얻어지는 이계과(離繫果)를 더하여 오과(五果)라 한다.

다음, 사연(四緣)은 인연(因緣)·등무간연(等無間緣)·소연연(所緣緣)·증상연(增上緣)을 말한다.

인연(因緣)이란 사물이 생하는 직접적인 원인만을 말하며, 위의 '능작인'을 제외한 5인(因)이 이것에 대응한다.

등무간연(等無間緣)은 심리적인 것과 인식에 관한 것으로서, 예를 들면 마음이 다음 순간에 일어난 마음의 원인이 되어 푸른 색을 직접 지각한 안식(眼識)이 '이것은 푸르다'고 판단하는 의식의 원인이 되는 것과 같이, 시간적으로 계속 이어지는 결과를 생하게 하는 원인을 말한다. 또한 소연연(所緣緣)이란 인식의 대상이 되어 인식을 성립시키는 것, 증상연(增上緣)이란 사물이 생할 때의 간접적인 원인뿐만 아니라 이것이 생하는 것을 방해하지 않는 모든 것을 말한다. 등무간연과 소연연은 능작인 가운데 심리적인 것과 인식에 관계하는 부분과 대응하고, 증상연은 이외의 능작인과 대응한다.

육인(六因)과 사연(四緣)은 성립과정을 달리하기 때문에 분류법이 다르지만, 설일체유부에서는 인과 연은 같은 의미이다.

육인·사연·오과의 상호관계를 도표로 나타내면 다음과 같다.

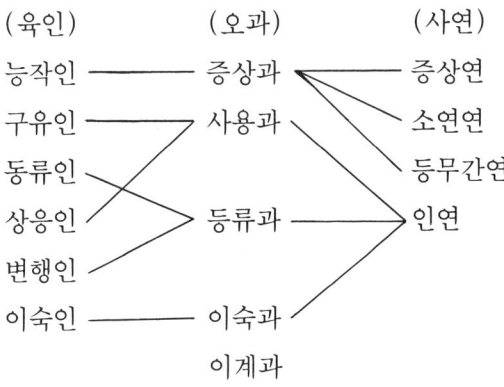

그런데 전미개오(轉迷開悟)의 관점에서 인과를 보면, 수행상의 목적인 무위의 세계(無爲法)는 모든 수행의 인(因)이 되고, 마음의 대상이 되므로 능작인(能作因, 증상연 혹은 소연연)이 되지만, 그것이 직접적으로 결과를 끌어내는 일은 없기 때문에 과(果)는 없다.

한편 지혜에 의한 번뇌의 단멸(擇滅)은 앞에서 설명한 바와 같이 '이계과'지만, 지혜는 마음작용의 하나로서 유위법이므로 무위법인 택멸의 인(因)은 되지 않는다. 따라서 택멸은 '인'이 없다고 생각되기 때문에, 수행은 미망에 싸인 생존의 인과를 부정하고, 이것을 여의려고 하는 것에 있다.

그러나 설일체유부는 부정해야 할 미망에 싸인 생존의 메커니즘을 설득력 있는 형태로서 나타내려고 한 나머지, 미망의 생존을 실체적으로 파악하여 인과론적으로 설함으로써 역으로 실천적인 시점을 약화시키는 결과를 초래했다. 후에 대승불교가 설일체유부를 비판한 것도 실은 이 점에 있었다고 할 수 있다.

대승불교의 연기설

연기하고 있는 모든 것에 대해, 그 사이의 관계성을 특히 예리하게 고찰하여 각각의 명칭(즉 언어)의 실체시나 고정화를 깨고, 다시 초기불교 이래의 무아·공·무상에 근거하여 철저한 통찰을 이룩한 사람이 용수이다.

즉 용수는 모든 사물을 연기(緣起)라고 하는 관계성에서 파악하여, 인과를 고정적으로 본 설일체유부의 실재론의 입장을 철저히 부정했다.

'인'이란 '과'와의 관계성에 있어서 '인'이며, '과'란 '인'과의 관계성에 있어서의 '과'이기 때문에, 인과란 상관성의 관계에서 성립하고 있다. 만일 '인'과 '과'가 상관관계를 떠나 각각 독자적으로 존재하고 있다고 생각한다면 논리적으로 모순이며, 인과는 성립하지 않는다.

이 논리적 모순을 규명해 가는 것이 소위 부정논증(否定論證)이라 불리는 공(空)의 이론으로서, 용수는 『중론송(中論頌)』을 위시하여 여러 저술의 곳곳에서 인과의 부정을 서술하고 있다.

설일체유부가 주장하는 실재론의 입장에서 인과는 고정된 실체로 간주되고 있다. 만일 그렇다면 인과관계의 '인'과 '과'가 동일한가 다른가를 생각해 보지 않으면 안 된다.

만일 '인'과 '과'가 동일하다고 한다면, 예를 들어 종자는 싹과 동일하기 때문에 싹에서 싹이 나온다고 하는 것이 되며, 또한 어느 쪽이 '인'이고 어느쪽이 '과'인지를 말할 수 없게 된다.

또한 만일 다르다고 한다면, 예를 들어 돌에서 싹이 나온다고 하는 불합리가 생기며, 또한 양자 사이에는 아무런 관계도 성립되지 않는다.

이와 같이 인과를 동일성과 별이성(別異性)에 의해 부정한 용수는 인과를 연기(緣起)라고 하는 관계성에서 파악하였다. 이것을 모르고 '인'과 '과'를 각각 그 자체로서 성립하고 있다고 보는 것은 우리들 사유의 잘못이다.

인과가 연기에 있어서 성립한다고 하는 것은, 인과는 공성(空性)에 있어서 성립한다고 하는 것이므로, 이에 용수는 '연기란 공성'이라 설하였다. 따라서 '연기'나 '공성'은 모든 사물의 참다운 본연의 자세를 나타내고 있다고 말할 수 있다.

'인'도 '과'도 공이라고 하는 것은 바로 이것을 나타내는 것으로서, 인과 그 자체를 부정하고 있는 것은 아니다. 말하자면 인과를 실체적으로 파악할 때, 인과관계 그 자체가 성립하지 않는 것을 밝힌 것이다.

그러므로 용수는 인과란 환상(幻)과 같다고 하였다. 여기서 환상과 같다고 하는 것은, 실체가 없는, 무자성(無自性)이라고 하는 것을 의미한다. '인'과 '과'를 내포하고 있는 것도 아니고, 또한 '인'의 결합이나 분리에 의해 '과'의 생기와 소멸이 있는 것도 아니다. '인'에서 '과'로의 이행은 단지 양상의 변화가 아니다. 인과란 언어(개념)에 지나지 않으며, 언어는 그것에 대응하는 실재(實在)를 반영하고 있지 않다. 환상과 같은 '인'에서 환상과 같은 '과'가 생한다고 하는 단지 그뿐인 것이다.

그러므로 용수는 '공이라 하는 것은 모든 견해의 초월'이라고 선언하고, 생멸(生滅)·일이(一異)·거래(去來)·단상(斷常)의 각각을 부정하는 소위 팔불(八不)의 연기를 밝힘과 동시에, '공이 성

립하기 때문에 일체가 성립한다'고 주장하였다.(제4장 제1절 '공사상의 성립과 발달' 참조)

이상과 같이 소위 공(空)으로 증명된 연기설은 이후, 아뢰야식연기(제3장 제5절 '유가행파·유식설' 참조) 등 여러 가지로 전개되었다. 특히 중국·한국·일본으로 전해져 여래장연기(如來藏緣起)·법계연기(法界緣起)·육대연기(六大緣起) 등이 성립했다.

2. 공사상의 성립과 발달

공(空)은 산스크리트로 '수냐(śūnya, 형용사)' 혹은 '수냐타(śūnyatā, 추상명사)'이며, 번역하면 전자를 '공(空, 無)한' 후자를 '공(空, 無)한 것' '공성(空性)'이라 함이 적절하다. 한자 공(空)의 경우는 적어도 문자상으로는 이 구별이 어렵다.

공의 의미는 빈집과 같이 '예상되는 무엇인가가 빠져 있는 상태' 혹은 '아무것도 없는 상태', 수학에서의 제로(0)를 의미한다. 그러나 공에 대한 이러한 일반적 의미는 무상·무아라고 하는 불교의 기본적인 사고방식을 배경으로 하여 '자성이 없는 것' '실체성을 결(缺)한 상태'를 의미하게 되었다.

원시·아비달마불교의 공사상

'공(空)' '공성(空性)'이라는 용어, 혹은 이것을 기축으로 후에 대승불교에서 전개되는 공사상은, 원시불교에서는 중심적인 역할을 하고 있지 않다. 그러나 그 의미는 이미 사용되고 있었으므로 공사상의 연원을 원시불교에서 찾는 것은 당연하다 할 것이다.

원시경전에서는 욕망에서 자유가 되는 방법으로서, 사람이 없는 조용한 장소(空閑處)에서 명상하여 고정된 관념을 없애고, 모든 것을 무상·고·무아라 관(觀)할 것을 권하고 있다.

이렇게 하여 얻어진 삼매는 사물을 '공한 것(空)' '개념으로 파악할 수 없는 것(無相)' '인간의 기대 욕망과는 무관계한 것(無願)'이라 보는 공·무상·무원의 삼삼매(三三昧)로 정리되고, 이것은 해탈에 이르는 방법이기도 하기 때문에 삼해탈문(三解脫門)으로서 정착하였다.

현존『소공경(小空經)』이나『대공경(大空經)』에는 석가모니나 그 제자들이 종종 실천한 청정한 정신상태를 '공주(空住)', 즉 '공한 상태'라 하여, 그것을 얻는 방법과 그것을 얻은 상황을 설하고 있다. 또한 현재 전하지는 않지만 일상적 진리(世俗諦)와 궁극적 진리(勝義諦, 第一義諦)의 이제(二諦)의 사고방식을 도입하여 약간 발달된 사상이 설해져 있었다고 한다.

이들 경전에서는 '공'이라는 말을 사용했으며, 내성(內省)을 깊게 하는 방법을 표현하기 위해 부분적으로는 연기관(緣起觀)과 공관(空觀)의 밀접한 관계도 나타나 있었을 것으로 추정되고 있다.

아비달마불교가 되면, 원시경전을 배경으로 법에 관한 연구가 부파별로 추진되지만, 모든 것을 무상·고·공·무아라 관하는 것, 그중에서도 무아를 관하는 것을 필수로 하였다.

원시불교의 경우와 마찬가지로 공삼매(空三昧)를 포함하는 삼삼매(三三昧) 혹은 삼해탈문(三解脫門)을 설하지만 이것을 이론적으로 추구하는 작업은 아직 행해지지 않았다. 다만 일부에서는 공성(空性)을 주축으로 하는 삼매가 그 깊어지는 방법에 따라 정도의 차이가 있는 것에 주목하여, 공성을 여러 가지로 분류했다.

『사리불아비담론』의 6공(空), 『잡아비담심론』의 9공, 『대비바사론』의 10공이 그것이며, 이것들은 다음에 설명하는 『반야경』의 내용과 연관성이 있다.

그러나 이론적인 면에서는 부파에 따라 무아관에 차이가 있다. 설일체유부의 경우, 모든 존재(법)를 요소로 분해하여 색·수·상·행·식의 5가지 요소(五蘊)가 결합하여 이루어진 것이기 때문에 이름뿐 임시적인 것이라 하여 그 실체성을 부정하지만, 요소 그 자체로서 법의 존재성(法有)은 인정하였다. 이것은 타종교에서 '아(我)'를 고유의 성질을 가진 자기존재(自我)로 인정하는 것과 마찬가지가 되므로 '제법무아'의 도리에 어긋나는 것이다.

대승불교의 공사상

대승경전 가운데서 비교적 빠른 시기에 성립된 『반야경』은 새로운 대승적인 보살관념을 발달시켰다. 『반야경』을 출현시킨 사람들 중에는 부파불교의 전통적 교리에 정통한 출가자들도 많았다고 생각되지만, 그들은 승원(僧院)을 거점으로 하는 아비달마불교와는 하나의 선을 긋고 있었다.

그들은 스스로 무상(無上)의 깨달음에 도달하기 위해 보리심을 일으키고, 또한 남을 깨달음으로 인도하기 위해 이타(利他)의 서원을 갑옷처럼 몸에 두르고, 인적이 드문 곳에서 행주좌와(行住坐臥)의 모든 행위에 항상 보살로서 수행에 전념했다.

보시·지계·인욕·정진·선정·지혜(반야)의 육바라밀이 수행의 골격을 이루었으며, 이 가운데 제6의 지혜, 즉 반야바라밀의 완전한 상태는 보시나 지계 등을 통해 얻어지는 궁극적인 것이라 하여 가장 중시하였다.

완전한 지혜는 일상적으로 이러쿵저러쿵하는 인식이나 지식과는 다르다. 사람들은 '이것은 이렇고' '저것은 저렇다'라고 구별하고 판단해서 그것에 집착하고 있지만, 지혜는 그 집착을 끊는 힘을 가지는 것임과 동시에 그것에서 해방된 보리(菩提), 불(佛)의 깨달음에 지나지 않는다.

『반야경』에서 모든 법의 불생불멸을 설하는 것은 '사물이 생한다' '사물이 멸한다'고 하는 일상적인 판단을 깨기 위해서이며, 또한 사물은 일상적인 언어가 예상하는 바와 같은 자성(自性)을 가지지 않는다고 하여 모든 법의 공성(空性)을 설하는 것도, 사물에 대한 집착을 끊기 위해서이다.

그러므로 용수(龍樹)는 『반야경』의 지혜를 중시하는 사상이 석가모니가 설한 연기(緣起)와 중도(中道)사상을 직접 계승하는 것이라 생각하여, 『중론』등의 저술에서 모든 사물의 공성을 깊이 연구하여 치밀한 이론으로 체계화하려고 했다.

그 논법은 일상적인 언어가 의미상에서 예상하기 쉬운 실체성이나 자성을 철저히 파괴하는 것으로서, 조금이라도 실체적·유적(有的)인 것을 인정하는 의견이 있으면 용서 없이 비판했다. 그리하여 유적인 경향을 가진 당시의 아비달마불교도 타학파와 함께 통렬히 비판을 받았다.

먼저 『중론』 제1장 제1 게송은,

어떠한 존재라도 그 자체에서 생(生)한 것은 결코 없으며, 또한 타(他)로부터, 자(自)와 타(他)의 양자로부터, 또한 원인 없이 생한 것은 결코 없다.

고 설한다. 원인과 결과의 관계를 같은 것(自), 다른 것(他), 같고 다른 것(自他), 같지도 다르지도 않은 것(無因)이라는 4가지 경우로 분류하여, 그것을 모두 부정하고 있다.

종자에서 싹이 나온다고 하는 예로서, 제1의 경우를 생각해 보면 '싹은 싹과 같은 종자에서 생한다'고 하는 것은 싹이 종자와 완전히 동일하지 않기 때문에 논리적으로 맞지 않으며, 만일 싹이 종자와 완전히 동일하다고 한다면 싹은 이미 싹으로서 존재하므로 새롭게 싹이 생한다고 하는 것은 무의미하다. 따라서 원인인 종자와 결과인 싹을 동일하다고 상정한다면, 이와 같은 논리상의 불합리가 일어나, 이 상정은 정확성이 부정되지 않을 수 없다.

나머지 경우에도 마찬가지로, 결과로서 '싹은 종자에서 생한다'고 하는 판단은 잘못이라고 단정하는 것이다. 이 단정은 우리의 일상적인 경험과 모순되는 것 같지만, 실은 그렇지 않다. 우리는 생생한 발아현상을 우리 마음대로 '종자' '싹' '생한다'고 하는 언어로 표현하고, 그 언어 간의 관계에 마음을 빼앗겨 발아현상의 성립과정 자체를 직시하려고 하지 않는다.

다시 말하면, 종자나 싹이라는 표현은 우리 인간이 임의로 설정한 사항으로서 사물 그 자체와는 관계가 없다. 이와 같이 언어 쪽이 선행(先行)하고 있는 한, 우리는 그 말이나 관념을 고정된 것이라 생각하기 때문에 발아현상 전체의 성립과정을 참다운 의미에서 경험할 수 없는 것이다.

이 잘못된 상황을 해결하는 방법은 '종자' '싹' '생한다'라고 하는 언어를 떠나, 각각 공(空)한 것, 자성을 가지지 않은 것, 무자성한 것이라 꿰뚫은 위에서, 현상 자체를 전체와의 관련 속에서 바라보라고 하는 것이 용수의 주장이다.

그리하여 그는 언어가 주역을 담당하기 쉬운 우리들의 경험이나 인식의 문제를 해결하기 위해, 사물은 연기(緣起)하고 있기 때문에, 즉 원인과 조건을 기다려 비로소 존재할 수 있기 때문에 무자성(無自性)이라고 주장했다. 『반야경』의 '오온개공(五蘊皆空)'의 의미가 바로 이것이다.

원시불교·아비달마불교에서 설하는 연기는, 십이연기에 보이는 것과 같이, 어느 일정한 사물의 연쇄적인 인과관계에 중점을 둔 것이다. 그러나 용수의 연기는 훨씬 일반화되어 어떠한 것이든 사물은 원인과 조건·이유를 기다려 비로소 존재하므로 독립적인 존재성(我·自性)을 가지지 않는다는 것을 강조하고, 모든 사물의 공성(空性)의 근거가 연기(緣起)라고 해석하였다.

이와 같은 공의 개념은 언어나 관념에 의한 고정화를 일체 배제하는 작용을 가지며, 사물에 대한 고정적인 판단에서 자유롭게 되는 것, 즉 중도(中道)의 도리로 이어지고 있다.

『중론』 제24장 제18 게송에서 용수는,

> 연기하는 것, 그것은 공(空)이라고 우리들은 간주한다. 이것은 소인(素因)에 의거한 인식을 위한 언어(假)이며, 그것이야말로 중도(中)이다.

라 하였다. 여기서는 먼저 연기(緣起)가 곧 공(空)이라 하고, 그 위에 공은 언어가 실체를 가리키는 것이 아니라 의미로 시종일관하는 허구에 불과하다는 것을 설하고 있다. 그리고 더 나아가 무엇에 대해서도 '이것이다' '이것이 아니다'라고 하는 긍정적·부정적 판단도 내리지 않는, 다시 말하면 고정적인 판단에서 완전히 자유로운 중(中) · 중도의 실천을 강조하고 있다.

논리적으로 전개되는 용수의 공사상은, 『반야경』에서는 그처럼 중요하게 취급하지 않았던 원시불교 이래의 연기와 중도사상을 '공' '공성'의 개념으로써 활성화하였다.

위에서 설명한 용수의 공에 대한 개념을 간략히 정리하면, 'A는 공이다'라고 할 때 이것은 어디까지나 A 그 자체의 고유의 실체가 없다는 것(무자성)을 말하는 것으로서, 다시 말하면 존재의 진실한 본연의 자세, 즉 연기를 말하는 것이지 존재 그 자체를 부정하는 것은 아니다.

그러므로 우리가 실유(實有)라고 생각하여 집착하고 있는 '나' '내 것'이라는 관념을 제거하여 '나' '내 것'에 대한 공을 실현할 때 열반에 들어갈 수 있다. 이 열반의 세계는 언어의 표현이 끊어진 세계로서 또한 '공'임은 말할 필요도 없다.

이와 같이 '공'에는 언어의 표현이 끊어졌다고 하는 의미가 포함되어 있으므로 희론적멸(戱論寂滅)이라 한다. 이것은 모든 개념규정의 부정, 혹은 배제라고 할 수 있다.

여기서 공이라고 하는 것도 또한 언어상의 표현에 지나지 않는 것이기 때문에 '공'이지만, 이 말을 사용하지 않고서는 열반을 체득할 수가 없으므로, 단지 희론적멸인 열반으로 이끌기 위한 수단으로 사용될 뿐이다. 이런 의미에서 공은 단지 존재론적 혹은 인식론적인 '무(無)'의 개념과는 구별된다.

이상에서 알 수 있는 바와 같이, '모든 것은 공'이라고 관하는 것은 완전한 지혜인 반야바라밀에 이르는 길이므로 『반야경』에서는 공의 개념을 실천과의 관계에서 다양하게 분류하여 2공(二空) · 3공 · 4공 내지 18공 등을 설하고 있다.

용수 이후는 이 공사상에 근거하여 중관파가 성립되어 공성설은 더욱 체계·정밀화되었다. 그러나 모든 법은 공이라 하더라도 현실적으로는 유(有)로 간주되는 이유는 무엇일까 하는 새로운 문제가 제기되었다. 이것의 해명으로 유가행파의 유식설이 등장했다.

유가행파는 설일체유부와 동일한 법의 체계를 이용하면서, 법의 존재성을 박탈하고, 다만 그 기능성을 주체와의 관계에서 인정했다(法은 假有).

중국에서는 초기에 공을 노장(老莊)의 '무(無)' '무위(無爲)'에 가까운 것이라고 해석하기도 했지만, 삼론종이 성립된 후 재해석함으로써 역시 대승불교의 기본사상으로 인식하였다.

3. 윤회사상의 변천

윤회설의 성립

사후세계에 대한 문제는 시대와 장소에 관계없이 전인류 공통의 관심사이다. 인간의 사후 운명에 대해서는 고대 인도 바라문교의 성전인 『리그베다』에 인간의 육체는 죽음과 함께 없어지지만 그 영혼은 불멸이라고 하여, 인간은 사후에도 어떠한 형태로든 살아남는다고 하는 관념이 나타났다. 이후 이 관념은 점차 윤회설로 발전해 갔다.

윤회(輪廻)의 원어 상사라(saṃsāra)는 '흘러가는 것' '돌고 돌아 만나는 것'을 의미하는데, 중생이 미망의 세계에 태어나 죽고 태어나고 하는 것이 마치 수레바퀴가 굴러 가는 것과 같다고 하는 의미에서 '윤회'라 번역하였다.

고대 인도사상에서 미숙하지만 인과응보의 관념이 나타난 것은 브라흐마나 문헌에서다. 여기에서는 '인간은 스스로 지은 세계에 생한다'고 하며, 염마천의 사왕(死王) 야마가 사자의 영혼을 심판하는 내용도 보이고 있지만 사후의 세계에서 다시 어디엔가로 윤회한다는 사상은 없다. 그러나 사후에 다시 죽는다는 것에 대한 공포는 강하게 표명되어 있으며, 그렇기 때문에 제식(祭式)을 행하고, 그 의의를 아는 것이 또다시 죽지 않고 영원히 사는 길이라 설했다.

윤회의 주체와 인과응보의 사상이 명확하게 나타난 것은 우파니샤드 시대에 확립된 '오화설(五火說)'과 '이도설(二道說)'이다.

먼저 '오화설'이란 장례식의 제화(祭火)와 비가 내리는 현상을 결합하여 인간이 이 세상에 되돌아오는 과정을 설한 것이다. 인간이 죽어 화장하면 영혼은 달로 들어가고, 이어 비가 되어 지상에 내려와, 쌀·보리와 같은 식물에 흡수되며, 남자가 이 곡물을 먹으면 정자가 되고, 최후로 모태에 들어가 다시 태어난다고 한다.

'오화설'에서 발전한 '이도설'에서는 먼저, 삼림에서 깊은 고행(tapas)을 한 자는 사후에 화장의 불꽃을 타고 천계(天界)에 이르고, 신계(神界)를 포함한 여러 세계를 돌다가 드디어는 브라흐만의 세계로 가서 재차 되돌아오는 일이 없다고 한다. 이것을 신도(神道)라 한다.

한편 제사를 신봉하고 선행을 많이 한 자는 사후에 화장의 연기와 함께 천계에 이르고, 조령계(祖靈界)를 포함한 여러 장소를 거쳐 달에 이른다. 이 낙토(樂土)에 선행을 한 과보만큼 머물다가 그것이 다하면 다시 비가 되어 지상에 내리고, 쌀·보리와 같은 곡물에 섭취되며, 남성이 이 곡물을 먹으면 그 영혼은 정자가 되어 모태에 들어가 재생한다. 이것을 조도(祖道)라 한다.

그러나 악업을 지은 사람은 위의 어느쪽에도 들지 못한다고 하여 제3의 장소를 설하고 있다. 여기에는 윤회·업보사상이 명확히 나타나 있으며, 또한 고행에 의해 윤회가 끝나 불사(不死)를 얻을 수 있다고 하는 관념도 나타나 있다.

윤회의 원인으로서, 우파니샤드의 유명한 철학자 야쥬냐발캬는 선악업에 의해 좋은 사람, 나쁜 사람이 된다고 하는 업(業, karman)의 관념을 주장했다. 이 사상은 '다른 사람이 듣는 것을 꺼리는 비의(秘義)'로서 설해졌지만 업과 윤회는 이 시대부터 명확한 형태를 갖추기 시작했다고 보아도 좋을 것이다.

이러한 업과 윤회사상은 한편으로는 숙명론적 이해를 강요하지만, 다른 한편으로는 현재의 불평등한 사회상황을 교묘하게 설명하면서, 현재의 선행이 내세의 행복으로 이어진다고 하는 희망을 주었다. 그러므로 이 시대 이후로 이 사상은 급속히 일반화되어 더 이상 설명할 필요가 없을 정도로 정착되어 갔다.

불교 외 여러 학파의 윤회설

불교와 거의 동시대에 일어난 자이나교에서도 윤회의 종멸(終滅)을 궁극적 목표로 삼았으며, 이것을 해탈이라 불렀다.

초기 자이나교에서는 세계를 영혼과 비영혼의 2종류로 구분하고, 5개의 실체로 되어 있다고 했다. 즉 '비영혼'은 사물을 운동시키는 조건, 정지시키는 조건, 물질, 허공 등 모두 4개의 실체로 되어 있으므로 여기에 정신작용인 영혼을 합해서 5개의 실체가 되는 것이다.

자이나교에서는 이 5개의 실체 가운데 영혼과 물질의 작용으로 윤회를 설명하고 있다. 사람이 어떤 행위를 하면 이 행위, 즉 '업'

에 의해 미세한 물질이 영혼에 유입·부착되고, 이 업은 영혼을 둘러싸 업신(業身)을 낳는다. 이것이 윤회의 주체이다.

윤회하는 세계로는 인간·신·동물·지옥의 4종류가 있다. 윤회의 고통에서 벗어나기 위해서는 고행에 의해 과거에 지은 업을 멸함과 동시에 새로운 업의 부착을 억제하고, 이미 부착되어 있는 업을 멸함으로써 '영혼'은 해탈할 수 있는 것이다. 해탈한 영혼은 세계의 꼭대기에 있는 '완성자의 세계'에 도달하여 영원한 안락을 얻는다고 한다.

그러나 윤회를 긍정하는 인도의 일반적 풍조 속에서 윤회를 부정하는 사상가도 있었다. 소위 육사외도 가운데 유물론적 경향을 나타내는 푸라나 캇사파는 어떠한 선이나 악을 짓더라도 그 행위의 과보는 존재하지 않는다고 주장했다.

유물론자 아지타 케사캄발린도 만물은 지·수·화·풍의 4원소로 되어 있으며, 죽음(死)이란 육체가 분해되어 원소로 되돌아가는 것에 지나지 않으므로 아트만도 없고 영혼도 존재하지 않으며 따라서 윤회도 없다고 주장하였다. 그는 종교와 도덕을 부정하고 현세의 쾌락 추구를 가르쳤다.

불교의 윤회설

윤회설은 업사상과 함께 우파니샤드 이후 인도 공통의 사고방식이 되었으며, 불교에서도 이 설을 채용하였다.

그러나 불교에서 항상 문제가 되는 것은 무아설(無我說)과의 관계였다. 인도의 여러 철학파에서는, 개인 존재의 본질은 아트만(我)이나 이것과 유사한 실체로서, 이 실체가 업을 짊어지고 윤회한다고 설했다.

그런데 불교에서는 이 '아'를 부정한다. 그 때문에 업을 짊어지고 윤회하는 주체와 무아설과의 모순을 밝히는 것이 인도불교 사상사의 큰 테마 중 하나였다.

석가모니는 인간의 사후 운명에 대해 말하는 것을 거부(無記)하였기 때문에 특별히 윤회에 대해 설하지는 않았다. 재가신자들 사이에 업이나 윤회에 대한 관념은 있었지만 어디까지나 민간신앙적 측면에서 수용하고 있었으므로 석가모니의 가르침과 모순되지는 않았다.

그러나 석가모니는 스스로를 업론자(業論者)라 하고, 인간의 가치는 행위(業) 여하에 달려 있다고 주장했다. 이 생각이 윤회와 결합된 형태로서 업을 불교에 정착시키는 데 큰 힘이 되었다는 것은 의심할 여지가 없으며, 시대와 함께 업과 윤회설은 불교도의 생활 문화 속에 정착되어 그 정도를 더해 갔다.

천계(天界)에 태어나는 것은 고대 인도의 전통적인 인과응보설로서 더 이상 설명할 필요가 없을 것이다. 그러나 이러한 생천론도 업과 윤회설이 정착됨에 따라 여러 가지 형태로 교리화되지 않을 수 없었으며, 아비달마불교 각파에서는 업의 본질과 윤회의 구조에 대해 구체적인 이론을 전개하면서 천계에 대해서도 많은 사상적 진전을 보았다.

대부분의 아비달마불교에서는 윤회의 세계로서 천(天 ; 신들의 세계) · 인(人 ; 인류) · 축생(畜生 ; 동물류) · 아귀(餓鬼 ; 죽은 자의 영혼) · 지옥(地獄)의 오도(五道, 五趣)를 설하였으며, 대승불교에서는 '인' 다음에 아수라(阿修羅 ; 신들의 적인 魔神)를 넣어 육도(六道)를 설하는 것이 일반적이다.

불교경전에 의하면 지옥이 가장 괴롭고 무서운 장소이고, 천이 가장 안락한 이상세계로 되어 있다. 이 육도 가운데 지옥·아귀·축생의 셋은 악업에 의해 태어나기 때문에 삼악도(三惡道)라 하고, 그곳에 태어나면 부처님의 가르침을 들을 기회나 능력이 없다고 한다. 이에 대해 인간·아수라·천의 셋은 선업에 의해 태어나기 때문에 삼선도(三善道)라 한다.

이것에 의하면 천(天)도 윤회의 일환으로서, 천계에 태어나 안락하게 지낼 업이 다하면 다시 다른 세계로 옮겨 가지 않으면 안 된다. 따라서 천계에 태어나는 것은 불교가 목표로 하는 열반과는 다른 것이다.

그러나 원시불교 경전에 의하면, 석가모니는 출가자에게는 열반을 구할 것을 설했지만, 재가신자에게는 먼저 시론(施論)·계론(戒論)·생천론(生天論)의 삼론을 설한 후 사성제·팔정도의 가르침으로 이끌었다고 한다.

여기서 삼론이란 불교를 전혀 모르는 사람을 불교로 인도하기 위해 그들에게 자신의 능력에 맞게 보시(施)하고, 계율을 지키는 생활(戒)을 하면, 그 과보로서 사후에는 반드시 천국에 태어난다(生天)고 설하는 것이므로, 이것은 어디까지나 방편설에 지나지 않는다.

육도는 수직으로 배치되어 있으며, 제일 아래쪽에 지옥이 있고, 위쪽에는 무한히 높은 천계(天界)가 있다. 천계는 육욕천(六欲天)·십팔천(十八天)·사천(四天)으로 모두 이십팔천으로 분류되어 있으며, 사천의 제일 위는 윤회세계(有)의 정상인 유정천(有頂天)으로 되어 있다고 한다. 유정천에서 지옥까지의 여러 세계는 계층적으로 욕계(欲界)·색계(色界)·무색계(無色界)의 삼계에 배당되며, 『구사론』에서는 수미산(須彌山)설과 결합하여 장대한 우주론을 설하고 있다.

　여기서 삼계란 육도윤회의 세계를 수행력에 의해 3가지로 나눈 것이다. 욕계란 선정의 효과가 전혀 없는 식욕(食欲)과 음욕(婬欲)을 가진 중생의 일상적인 세계이고, 그 위의 색계는 선정에 의해 식욕과 음욕은 제거했지만 육체가 남아 있는 세계이며, 그 위의 무색계는 육체의 속박을 벗어나 자유로운 정신만의 세계이다. 신들의 세계는 일반적으로 욕계에 속하므로 육욕천에 소속되어 있다. 이 삼계가 윤회의 세계이고, 열반 즉 불(佛)의 경계는 이것을 벗어나 더 위쪽에 있다고 한다.

　또한 설일체유부에서는 고(苦)의 원인을 밝혀, 그 단멸을 꾀하기 위해 설한 십이연기도 과거·현재·미래의 삼세에 걸친 윤회세계를 설명한 것으로 해석하여(業感緣起), 교리적 해석을 첨가하였다.(제4장 제1절 '업사상의 전개와 발달' 참조)

　윤회의 주체도 여러 가지 형태로 논의되어 부파불교 시대에 독자부는 푸드갈라(pudgala, 補特伽羅 ; 人我)를 설하였으며, 일반적으로는 인식기능을 지휘하는 '식(識)'을 윤회의 주체로 보는 사고방식이 강하게 대두되어 경량부에서는 무한한 과거로부터 계속적으로 존속·화합하고 있는 미세한 의식(意識)인 '일미온(一味蘊)', 대중부에서는 근본식(根本識) 등을 설하였다. 어느것이나 마음(心)작용의 분석에 있어서 의식을 지속시키는 주체인데 과거·현재·미래세로 확대 해석되어 윤회의 주체를 설명하려고 노력하였다.

　유부의『구사론』에서 설하는 중유(中有 ; 冥界)도 이러한 경향 가운데 위치한 교리이다. 중유란 죽는 순간의 존재(死有)에서 다음에 다시 태어나는 순간인 생유(生有)의 중간에 있는 존재로, 미세한 오온(五蘊)으로 되어 있다고 한다. 이것은 다시 태어나는 주체이고, 영혼에 지나지 않는다.

중유는 중음(中陰)이라고도 하며, 중국이나 한국·일본에서는 토착신앙과 습합하여 중음법요(中陰法要)·칠칠재(七七齋, 사십구재), 이것에 다시 100일·일주기(一週忌, 小祥忌)·삼주기(三週忌, 大祥忌)가 더해져 시왕재(十王齋)로 발전하였다.

무아설에 위배되지 않으면서 실체로서가 아닌, 더구나 업을 짊어지고 윤회하는 주체를 구해온 인도불교는 드디어 유가행파의 유식설이 제시한 아뢰야식에 이르게 된다.

아뢰야식이란 과거의 습관력(習慣力)을 내면에 품은 잠재의식이다. 이것에서 자아적(自我的)으로 주객이 대립하는 현상세계가 만들어지며, 이것이 소위 고(苦)로 가득 찬 윤회세계이다. 따라서 이 아뢰야식이 불지(佛智)로 바뀌어(轉依) 주객의 대립이 일어나지 않을 때 깨달음이 성취된다.

한편, 업과 윤회설은 교리학과는 다르게 처음부터 불교도들 사이에 선인락과(善因樂果)·악인고과(惡因苦果)의 생각을 정착시켰으며, 또한 다른 민간신앙의 여러 관념과 결합하여, 예를 들면 사자의례(死者儀禮)에서 승려를 초청하여 의례를 행하여 공덕을 쌓고, 그것을 사자의 영혼에 회향하는 습관은 인도 이래 불교문화권에 널리 정착되어 있다.

사자(死者)가 가야할 세계는 생전에 지은 업에 의해 결정되어 있으므로 타인이 쌓은 공덕은 무익한 것이 당연하다. 그러나 사자의례란 유족이 사자의 보다 좋은 후생(後生)을 기원하기 위해 행한다고 하는 기능을 가지고 있기 때문에 공덕회향의 관념은 업이론과 모순되면서도 공존하고 있다.

4. 업사상의 전개와 발달

인간이 신체나 언어・생각 등으로 행하는 모든 행위는 그 선악에 따라 일종의 잠재세력(行)이 형성되어, 그것이 행위자에게 상응한 결과(果)를 가져온다고 하는 것이 업설이다.

업(業)의 원어 카르만(karman, 혹은 kamman)은 '작용' '행위' 등을 가리키는 말이다. 그러나 '윤회'라는 말과 관계를 맺게 된 후부터 업은 윤회전생(輪廻轉生)을 나타내는 일종의 '힘'으로서, 단지 표면적인 행위만을 가리키는 데 그치지 않고, 오히려 과보를 동반하는 잠재적인 힘을 적극적으로 가리키게 되었다. 이러한 생각이 인도사상계에 깊이 침투한 결과 업설을 배제한 어떠한 사상의 표명도 있을 수 없을 정도로 중요한 개념이 되었다.

업설의 기원은 분명하지 않지만 우파니샤드 시대에 오화이도설(五火二道說)에 의해 윤회가 설해지자, 이것과 함께 윤회의 원동력으로서 업의 사고방식이 급속히 부상하였다.

우파니샤드의 유명한 철학자 야쥬냐발캬는 인간 사후의 운명에 관한 물음을 받았을 때 사람은 선업(善業)에 의해 좋은 사람이 되고, 악업에 의해 악한 사람이 된다고 하는 생각을 은밀히 설했다고 한다.

여기서 업이란 사후에도 잔존하는 잠재적인 힘이라 생각되고 있었다는 것을 알 수 있으며, 이후로 업에 의한 윤회와 그것으로부터의 해탈이 인도사상계의 공통적 과제가 되었다.

특히 기원전 5, 6세기부터는 업의 존재를 부정하는 일부의 자유사상가들을 제외하고는 정통파・비정통파 할 것 없이 인도의 모든 철학과 종교가 이 과제에 몰두하여 업설에 관한 갖가지 견해를 제시하였다.

불교 이외의 업설

업의 개념이 예로부터 윤회설과 밀접히 관련되어 인간 내세의 상태를 결정하는 근거로서 생각되고 있었다는 것은 위에서 설명한 대로다.

우파니샤드 이래 통설이 된 인도의 일반적인 사고방식에 의하면, 제사나 보시 등 선업을 쌓은 사람은 그 잠재적 힘이 개인 존재의 주체인 아트만(ātman, 我)에 부착하여 내세에 생천(生天)하지만, 반대로 악업을 쌓은 사람은 지옥에 태어난다고 하였다. 그러나 만일 천계(天界)에 태어난다 하더라도 그 선업의 힘이 다하면 천계에서 다시 전생(轉生)하여 윤회를 되풀이하지 않으면 안 된다.

이러한 업에 속박된 윤회전생에서 해탈하기 위해서는, 업 그 자체를 멸진(滅盡)하여 진실한 아트만을 올바로 인식함으로써 최고의 실존인 브라흐만과의 합일을 체험하는 출가·유행(遊行) 생활이 필요하다. 이상이 바라문교를 중심으로 인도 일반에 공통적으로 인정된 업설이다.

기원전 5, 6세기에는 정통바라문 사상에 대항하여 반바라문적인 자유로운 사상가들이 배출됐으며, 그들 대부분은 업설에 부정적이었다. 육사외도의 한 사람인 아지타와 같이 업설을 정면에서 부정한 유물론자는 말할 필요도 없이 당시의 자유사상가들은 윤회의 근거를 주재신(主宰神, Īśvara)이나 전생에 지은 과보의 결과로 돌리는 것이 많았다.

현재의 업을 신(神)이나 전생에 지은 과보(果報)의 결과와 관련짓는 것은 현재의 자유의지에 근거한 행위의 가치를 희박하게 하는, 일종의 숙명론(결정론)에 빠질 위험성이 있다. 그러나 그와 같은 측면을 피해서 업설을 적극적으로 채용한 것이 자이나교와 불교이다.

자이나교에 의하면, 업은 일종의 미세한 물질로 간주되어 신(身)·어(語)·의(意)의 삼업에 의해 초래된 미세한 물질은 신체에 유입되고 영혼에 부착되어 업신(業身)을 형성한다.

선업의 결과는 복을 가져오고 악업의 결과는 화를 초래하지만, 어떠한 업도 영혼을 속박하여 윤회의 근거가 되어 있는 이상, 윤회에서 해탈하기 위해서는 고행에 의해 오래된 업의 작용을 저지하고 새로운 업의 유입을 방지하지 않으면 안 된다.

고행의 결과 업의 속박이 없어져 영혼이 미세한 물질을 여의고 그 본성을 발휘하는 것이 윤회로부터의 해탈이다. 그러나 신체가 존재하는 한에는 어떠한 업이라도 짓게 되므로 참다운 해탈은 그 업까지도 없는 사후에 실현된다고 하는 것이 자이나교의 최종적 입장이다.

불교의 업설

불교는 최고신은 물론 아트만까지도 부정하는 무아(無我)설의 입장에 섰지만 업의 사고방식 그 자체는 오히려 적극적으로 받아들였다. 그리하여 무아설을 기반에 두면서 도덕상의 인과응보를 증명하기 위한 복잡한 업설을 전개하였다.

석가모니는 스스로 업론자(行爲論者)임을 설하고, 당시의 숙명론이나 신의론(神意論)에 대해 각자의 행위의 자발성을 강조했다고 한다. 그러므로 『숫타니파타』에 "인간은 출생에 의해 천민이 되는 것도 아니며, 출생에 의해 사제자(司祭者)가 되는 것도 아니다. 행위에 의해 천민도 되고, 사제자도 된다."라든가, "출생을 묻지 말라, 다만 행위를 물어라."라고 설해져 있는 바와 같이, 불교에서는 끊임없이 행위의 질적(質的) 의의가 문제시되고, 행위의 내적 동기가 중요시되었다.

불교가 대부분의 경우, 결과로서 나타난 신업(身業)이나 어업(語業)보다 의업(意業)으로서의 의지(意志, 思)를 중시하는 경향이 강한 것도 이와 같은 이유에 의한 것이라 생각된다. 이 점은 불교와 거의 동시대에 일어난 자이나교의 업설이, 불교와는 반대로 의업보다 신업이나 어업을 중시하고, 업을 일종의 미세한 물질이라 생각하여 윤회의 주체를 물질적인 업신(業身)으로 돌린 것과는 현저히 대조된다.

그러나 결과보다 동기를 중시한 불교도 개인이 짊어진 행위의 결과를 결코 가볍게 여기지는 않았으며, 업은 역시 잠재적인 힘이 되어 잔존하고 그 과보로서 윤회전생을 가져온다고 생각하여 업의 과보에 대해서도 많은 고찰을 하였다.

그리하여 윤회를 무아설의 입장에서 연기(緣起)라고 하는 존재방식으로 파악한 불교에서는, 그 잠재적인 힘을 담당하는 주체가 무엇인가 하는 과제가 불교사상사를 통해 끊임없이 곤란한 문제로 제기되었다.

업의 종류

인간의 행위는 일반적으로 신체적 행위인 신업(身業), 언어적 행위인 어업(語業, 口業), 의지적 행위인 의업(意業)의 삼업으로 나누어진다. 그리고 그 모든 행위와 그것에 의해 초래되는 잠재적인 힘을 업이라 하고, 그 선악의 업에 근거하여 고락의 결과를 감수하는 것을 인과응보라 한다.

　삼업 가운데 의업은 각자의 마음작용이기 때문에 타인에게 형태로서 분명하게 나타낼 수 없지만, 신업이나 어업은 구체적 표현이 되어 나타난다. 이것을 불교에서는 표업(表業)이라 하고, 신업을 신표업(身表業), 어업을 어표업(語表業)이라 한다.

　그런데 이 구체적인 두 개의 행위는 결코 그 장소에서 끝나 버리는 것이 아니라 반드시 잠재적인 힘을 남긴다고 생각되었는데, 이 눈에 보이지 않는 두 개의 업의 힘을 무표업(無表業)이라 부른다. 따라서 무표업에도 신무표업(身無表業)과 어무표업(語無表業)이 있다.

　그러므로 불교에서는 명료하게 형태로서 나타낼 수 없는 의업(意業)과 이 무표업(無表業)을 업의 결과를 가져오는 잠재적 힘이라 간주하였다.

　한편, 삼업 가운데 특히 마지막 '의업'이 가장 근본적 행위이며, 또한 마음작용 가운데서도 특히 의지(불교에서는 思라고 한다)를 그 근본이라 간주하여 의업(意業)을 사업(思業)이라고도 한다. 이것에 대해, 신업과 어업은 의업에 의해 생기는 것이기 때문에 사이업(思已業)이라 부른다.

　사업이란 마음이 무엇인가를 하려고 하는 의지를 말하는 것으로서, 일종의 형성력(saṃskāra, 行)을 의미하고, 사이업이란 그 의지의 결과 초래된 행위를 의미한다.

　그런데 업의 본질을 의지(思)라 간주하는 경량부나 유가행파에서는 신업(身業)과 어업(語業)은 의지가 구체화된 것에 지나지 않는다고 하는 견해를 취하는 반면, 업의 본질을 물질적인 것에서 찾는 설일체유부에서는 신업과 어업의 본질은 의지가 아니라, 신업은 '신체의 형태'를, 어업(구업)은 '음성'을 각각 본질로 삼는다고 생각하여 양자는 대립하였다.

이 유부의 생각은 자이나교의 업설과 일맥상통하는 점이 있다고 할 수 있지만, 그 습관적 힘이 되는 무표업(無表業)은 신업과 어업이 가진 선악의 성질에 따라 또한 3종류로 분류된다.

3종류란, 수계(受戒)와 정(定)이라고 하는 선업에 의해 일어나는, 악을 억제하는 힘인 율의(律儀)와, 습관적으로 또한 강한 판단에 근거하여 행해진 악업에 의해 일어나는 불율의(不律儀), 그 어느 쪽도 아닌 일시적인 선악의 업에 의해 일어나는 율의(律儀)·불율의(不律儀)를 말한다. 이 중 율의의 무표(無表)를 계체(戒體)라고도 부른다.

또한 고락의 결과를 이끄는 업의 의지처나 통로로서 업도(業道)가 있으며, 이것에 십선업도(十善業道)와 십악업도(十惡業道)가 있다.

십선업도란, 신업(身業)에 관한 불살생·불투도(不偸盜)·불사음(不邪婬)의 3가지와, 어업(語業)에 관한 불망어(不妄語)·불악구(不惡口)·불양설(不兩舌)·불기어(不綺語)의 4가지, 의업(意業)에 관한 무탐(無貪)·무진(無瞋)·정견(正見)의 3가지를 합한 10가지이며, 이 반대의 경우가 십악업도이다.

또한 업이 초래하는 결과의 성질에 따라서도 여러 가지로 분류하는데, 그 가운데 삼수업(三受業)이 있다. 욕계의 고수(苦受)를 초래하는 악업을 순고수업(順苦受業), 욕계에서 색계 제삼선(第三禪)까지의 낙수(樂受)를 초래하는 선업을 순락수업(順樂受業), 색계 제사선 이상의 사수(捨受)를 초래하는 선업을 순불고불락수업(順不苦不樂受業)이라 한다.

또한 업의 결과가 초래되는 시기의 차이에 따라 삼시업(三時業)이 설해지는데, 그 과보를 현재세에 받게 되는 업을 순현법수업(順現法受業), 다음 세에 받게 되는 것을 순차생수업(順次生受業), 제3회째 이후에 받게 되는 것을 순후차수업(順後次受業)이라 한다.

이 삼시업은 과보의 시기가 확정되어 있기 때문에 정업(定業)이라 부르고, 시기가 확정되어 있지 않은 업은 부정업이라 부른다.

마지막으로 또 다른 업의 종류로서 불공업(不共業)과 공업(共業)이 있다. 불공업이란 타인과는 상관없이 오직 자신에게만 속하는 업으로서, 이 업 본연의 자세에 의해 자기의 존재, 예를 들면 인간으로 태어나거나 동물로 태어나거나 하는 것이 결정된다. 한편 공업이란 모든 생물에 공통되는 업으로서, 이 업의 힘에 의해 자연계(器世間)가 형성된다.

업과 연기

불교는 윤회를 연기로서 파악하여, 번뇌(惑)로 인한 업에 의해 고통스러운 생존이 반복된다고 보고 있는데, 이 업을 중심으로 하는 혹(惑)·업(業)·고(苦)의 순환적 인과관계를 특히 업감연기(業感緣起)라 부른다.

즉, 설일체유부에서는 십이연기 중의 무명(無明)과 행(行)이 과거세의 두 인(因)이 되어, 식(識)·명색(名色)·육입(六入)·촉(觸)·수(受)라고 하는 현재세 5개의 과(果)를 초래하고, 애(愛)·취(取)·유(有)가 현재의 3가지 인(因)이 되어, 생(生)·노사(老死)라고 하는 미래세 2개의 과(果)를 초래한다고 주장하였다.

이 연기는 삼세에 걸쳐 인과를 이중으로 나타내고 있으므로 '삼세양중(三世兩重)의 인과'라 부르는데, 십이연기 중에서는 두 번째의 행(行)과 열 번째의 유(有)가 중심되는 '업'으로서 연기하는 직접요인이라 간주하였다.

이와 같이 과거의 행위인 업이 원인이 되어 현재의 생존(삶)이라고 하는 결과가 생하고, 현재의 행위(업)가 원인이 되어 미래의 생존이라고 하는 결과를 가져온다고 하는 인과관계를 '업감연기'라 한다.

유부에서 업의 습관적 힘을 무표업으로서 물질적인 것이라 간주하고 있다는 것에 대해서는 이미 앞에서 설명했지만, 그것이 어떤 형태로 존속하는가에 대해서는 명확히 나타나 있지 않다. 그러나 업을 실체시하고 있는 것은 확실하며, 우주의 생성파괴에 관해서도 업력(業力)이 물질을 이합집산시킨다고 보았다.

경량부에서는 업의 본질을 의지(思)라고 보았다. 업의 여력(餘力)은 종자(種子)로서 존속하며 그것이 물질적으로도 정신적으로도 될 수 있는 것이라 생각하여 색심호훈설(色心互熏說)을 제창하였다.

업의 여력을 담당하는 것에 대해서는 부파불교에서도 갖가지 방식이 상정되었지만, 유가행파에 이르면 항상 의식의 밑바닥에 존속하는 근본식인 아뢰야식(阿賴耶識)이 상정되었다. 그리하여 업의 잠재적 힘은 습기(習氣)로서 이 아뢰야식에 축적되어 후의 결과를 불러일으키는 특수한 능력을 형성한다고 간주되었다.

이것과 함께 십이연기에 대해서도 다른 해석을 시도하여, 무명에서 일곱 번째의 수(受)까지를 인(因), 나머지 다섯 개를 과(果)라 하였다. 또한 전자를 잠재력을 이끄는 능인지(能引支 ; 무명 · 행 · 식)와 이끌린 잠재력이 육성되는 소인지(所引支 ; 名色 ·

六入・觸・受)로 나누고, 후자를 잠재력을 현재화(現在化)시키는 능생지(能生支 ; 愛・取・有)와 현재화 그 자체인 소생지(所生支 ; 생・노사)로 나누어, 연기를 일종의 인과관계로 설명하였다.

유가행파는 이와 같이 아뢰야식을 설함으로써 그것이 실체시(實體視)되는 것을 매우 두려워하고 있었지만, 그 두려움이 현실화되어 불교사상에 나타난 면도 간과할 수 없다.(제3장 제5절 '유가행파・유식설' 참조)

중관파는 불상(不常)・부단(不斷)한 공(空)의 입장에서 세속의 업 상속(相續)은 인정하고 있었지만, 아뢰야식과 같이 실체시되기 쉬운 것을 설정하는 것에 대해서는 엄하게 비판하였다.(제3장 제5절 '중관파' 참조)

5. 해탈사상의 변천

해탈이란 인도의 대다수 종교 및 철학파에서 인간의 궁극적 목표로서 추구한 이상의 경지를 말한다.

해탈의 원어 모크샤(mokṣa 혹은 mukti, vimukti)는 '해방' '자유'를 의미하는데, 소극적으로는 '인생의 고(苦)나 죄(罪)로부터의 이탈'을 뜻하며, 적극적으로는 '진실한 자기실현'이라고 하는 의미를 포함하고 있다.

고대 인도 바라문교의 성전인 『베다』에는 인간의 구제는 신들의 은총에 의한다고 되어 있으며, 기원자(祈願者)는 현세에서의 행복의 실현에 관심을 기울이고 있었다.

그러나 이 세상에서의 행복이 유한하다는 것을 자각하게 되자,

구제의 관념은 물질적인 것에서 정신적인 것으로 바뀌게 되고, 영원한 행복은 자신의 정신적 내지 육체적 혹은 그 양자에 의한 노력에 의해 획득된다고 생각하게 되었다.

이리하여 우파니샤드 시대에는 현세의 고뇌로부터 해방인 해탈을 강하게 희구하게 되고, 이윽고 이 관념은 고통스러운 생존이 되풀이되는, 소위 윤회로부터의 해방을 의미하는 것이 되었다.

이후로 해탈은 정통바라문교의 여러 철학파나 힌두교뿐만 아니라 베다의 권위를 인정하지 않는 불교나 자이나교에서도 기본이념으로 채용하였으며, 또한 실천적으로 추구되어 온 인도의 종교·철학 전반에 걸쳐 중심과제가 되었다.

원시불교의 해탈관

해탈의 경지 및 그 획득 방법은 각 종교, 각 학파에 따라 여러 가지로 설명되지만, 원시불교 경전에 의하면, 해탈이란 '마음이 번뇌로부터 해방되는 것' 즉 '번뇌로부터 해방된 마음의 상태' 혹은 '번뇌가 없는 마음'이란 뜻으로서, '열반' '깨달음'과 같은 의미로 쓰이고 있다.

해탈을 얻기 위해서는, 다시 말하면 마음을 번뇌로부터 해방시키기 위해서는, 수행자는 마음속에 있는 번뇌를 단멸하고 다시는 번뇌가 생기지 않도록 그 대상을 멀리하지 않으면 안 된다.

이러한 과정을 원시불교에서는 석가모니의 수행을 모델로 하여 설명하고 있다. 즉 먼저 계율을 지키고 생활을 정리하고(戒), 마음을 집중하여 선정에 들고(定), 그런 다음에 삼법인(三法印)이나 사성제(四聖諦) 등을 배우고 실천하여 지혜를 생하고(慧), 이 지혜의 작용에 의해 번뇌를 단멸하여 해탈을 얻어(解脫), 최후에 스스로 깨달았다고 자각하는(解脫智見) 것이다.

이상의 계·정·혜·해탈·해탈지견의 5가지는 석가모니나 해탈한 성자의 번뇌가 없는(無漏) 인격을 구성하는 요소로 생각되어, 후세에는 오분법신(五分法身)이라 불렸다.

이러한 방법으로 일체의 번뇌를 멸진하고 해탈을 얻은 성자를 아라한(阿羅漢, arhat)이라 부르며, 번뇌를 끊었다는 점에서는 석가모니도 아라한의 한 사람으로 간주되었다. 아라한이란 '공양(供養)을 받기에 어울리는 사람', 혹은 '존경받기에 충분한 사람'을 의미한다.

또한 원시불교 경전에는 아라한의 경지를 심해탈(心解脫)·혜해탈(慧解脫)·구해탈(俱解脫)의 3가지로 분류하고 있다. 심해탈이란 탐욕이나 갈애(渴愛)로부터 해탈한 경지, 혜해탈이란 지혜에 의해 번뇌를 멸진하기는 했지만 아직 무색계(無色界)의 정(定)에 들지 못한 경지, 구해탈이란 지혜의 힘과 무색계의 정에 들어 얻은 힘의 2가지에 의해 번뇌를 멸진하는 경지를 말한다.

이상이 원시불교의 해탈관이지만 이 시대에는 아직 후대의 아비달마불교에서 설하는 것과 같은, 번뇌 등 여러 가지 법(法)을 실체시(實體視)하는 것은 보이지 않는다.

아비달마불교의 해탈관

아비달마불교는 원시불교의 충실한 후계자임을 자인하고 있었으므로 해탈의 의미는 거의 동일하다. 그러나 해탈의 구조나 과정에 대해서는 특히 설일체유부를 비롯하여 타부파에서도 많은 관심을 가져 구체적으로 발전시켜 갔다.

먼저 팔리 상좌부에 의하면, 사성제나 그 밖의 교설을 습득하고 실천함으로써 생기는 지혜로 번뇌를 단멸시키고 있다. 그 과정은 ①계율의 실천인 계청정(戒淸淨), ②선정의 실천인 심청정(心淸淨), ③명(名)·색(色)의 갖가지 법을 이해하는 견청정(見淸淨), ④명·색의 생멸변화를 관(觀)하여 삼세에 관한 의혹을 없애는 도의청정(度疑淸淨), ⑤올바른 해탈론과 잘못된 해탈론을 올바로 구별하는 도비도지견청정(道非道智見淸淨), ⑥올바른 행도를 관하는 행도지견청정(行道智見淸淨), ⑦번뇌가 없고(無漏) 지견(智見)이 생하여 성자의 경지에 들어가는 지견청정(智見淸淨)의 7단계로 되어 있으며, 어느것이나 계(戒)·정(定)·혜(慧)·해탈(解脫)·해탈지견(解脫智見)의 순서에 따르고 있다.

성자(聖者)의 계위(階位)에는 예류(預流)·일래(一來)·불환(不還)·아라한(阿羅漢)의 4종류의 단계가 있으며, 최후의 아라한에 이르러 해탈이 완성된다. 또한 아라한을 신(信)해탈·혜(慧)해탈·구(俱)해탈의 3종류로 나누기도 한다.

신해탈이란 특히 부처님에 대한 강한 신앙심을 가지고 해탈한 사람, 혜해탈이란 특히 지혜에 의해 번뇌를 끊고 해탈한 사람, 구해탈이란 지혜뿐만 아니라 무색계 멸진정(滅盡定)의 힘에 의해 해탈한 사람을 말한다.

한편 설일체유부에서는 특히 사성제를 되풀이 학습함으로써 얻어지는 지혜에 의해 98개의 번뇌를 단멸한다고 하였다. 그 단계는, ①심신을 안정시켜 적은 욕심에 만족하고(少欲知足) 그리하여 그 다음의 번뇌를 끊는 수행에 대해 즐거움을 가지는 신기청정(身器淸淨), ②부정관(不淨觀)이나 수식관(數息觀) 등을 닦고 또한 신(身)·수(受)·심(心)·법(法)의 4가지를 각각 부정(不淨)·고(苦)·무상(無常)·무아(無我)라 관하여 삼현(三賢)이 되고, 다시 성자의 단계인 ③견도(見道), ④수도(修道), ⑤무학도(無學道)로 이어진다.

이들 단계도 원시불교와 마찬가지로 계·정·혜·해탈·해탈지견의 순서에 배당된다. 여기서 '삼현'을 순해탈분(順解脫分)이라고도 하는데, 이것은 해탈에 이르는 과정의 선근자(善根者)를 의미하는 말이다.

성자의 계위에 대해서는 팔리 상좌부와 마찬가지로 예류·일래·불환·아라한의 4종류로 나누고 있지만, 유부에서는 아라한의 종류를 시해탈(時解脫)·불시해탈(不時解脫)·혜해탈(慧解脫)·구해탈(俱解脫)의 4종류로 분류하고 있는 점이 다르다.

시해탈이란 몇 가지의 환경적 조건이 갖추어진 그때에 비로소 정(定)에 들어 해탈한 사람, 불시해탈이란 때를 기다리지 않고 임의로 정에 들어 해탈한 사람, 혜해탈이란 사성제를 학습하여 얻은 지혜로써 번뇌를 끊은 사람, 구해탈이란 위의 지혜의 힘뿐만 아니라 무색계의 멸진정(滅盡定)에 들어 얻은 정의 힘에 의해 번뇌를 끊은 사람을 말한다.

참고로, 유부에는 팔해탈(八解脫)이라고 하는 술어가 있다. 이것은 해탈을 의미하는 것이 아니라 수행자가 색(色)·무색계(無色界)의 정(定)에 들어 얻은 정의 힘을 말하는 것으로서, 이것에 의해 해탈을 얻게 된다는 것에서 '팔해탈'이라 부르는 것이다.

또한 유부에서는 해탈에 무위(無爲)해탈과 유위(有爲)해탈의 2종류가 있다고 한다. 무위해탈이란 위에서 설명한 '번뇌가 완전히 없어진 마음의 상태' 소위 해탈을 말한다. 이에 대해 유위해탈이란 무루(無漏)의 오온(五蘊) 가운데 해탈온(解脫蘊)을 가리키는데, 구체적으로는 아라한 마음속의 뛰어난 이해력(勝解)을 말한다.

이 2가지 해탈은 한편으로는 정지적(靜止的)인 '번뇌가 모두 멸한 마음 상태', 다른 한편으로는 활동적인 '번뇌를 모두 멸하는 데 도움을 준 강력한 마음작용'을 나타내고 있다. 이것은 아라한의 동일한 마음의 양면성을 나타내고 있다고 할 수 있다.

대승불교의 해탈관

아비달마불교가 법(法)을 실체시(實體視)하고, 열반과 해탈이란 번뇌를 끊어 아라한이 되는 것이라 간주한 것에 반해, 대승불교는 일체의 법이 공(空)하다는 것과 중생구제를 위한 이타행을 강조했다. 그들은 역사상의 석가모니보다 『본생담(Jātaka)』에서 설하는 석가모니 전생의 모습(보살)을 모델로 하고, 사성제보다 육바라밀의 수행을 중시하였다.

『반야경』에서는 번뇌는 아(我, ātman)가 존재한다고 생각하는 잘못된 견해인 아집(我執)과 법(法, dharma)이 존재한다고 생각하는 잘못된 견해인 법집(法執)의 2가지 분별에 의해 생긴다고 간주했기 때문에, '아'와 '법'이 공하다는 것을 알아 '아집'과 '법집'을 여의면 번뇌가 생기지 않고 해탈을 얻는다고 하였다.

이렇게 하기 위해서는 최고의 지혜인 반야바라밀(般若波羅蜜)의 증득이 필요하다. 다시 말하면 『반야경』에서의 해탈이란 반야바라밀에 의해 아집과 법집에서 생기는 번뇌를 끊은 경지를 말하는 것이다.

반야바라밀을 얻기 위해서는, 연기(緣起)의 이론에 근거하여 일체는 공(空)이라는 것을 아는 지혜(般若, prajñā)와 대자비에 근거하여 일체의 중생을 구제하는 올바른 방법(方便)을 포함한 육바라밀(六波羅蜜 ; 布施·持戒·忍辱·精進·禪定·智慧)의 실천학습이 필요하다.

해탈에 이르는 수행 단계에는 4종류의 보살(四種菩薩)과 십주(十住)·공십지(共十地)·불공십지(不共十地) 등이 있다. 그 내용은 이전의 전통적 불교 수행법을 첨가한 것과 대승 독자적인 수행법 등 경전에 따라 여러 가지가 있다.(제4장 제1절 '수행론' 참조)

다음 중관파(中觀派)는, 초기에는 일체법은 공(空)·무자성(無自性)이라 하여 희론적멸(戲論寂滅)을 강조했지만, 실제로는 구체적으로 번뇌를 끊는 것이 필요했다. 때문에 후기에 이르면 이제설(二諦說)을 주장하여 승의제(勝義諦)의 입장에서는 일체개공(一切皆空)이지만, 세속제(世俗諦)의 입장에서는 해탈에 이르기 위한 학습방법이 필요하다고 생각하여 종래의 수행법을 인정하게 되었다.

한편 유가행파(瑜伽行派)에서는 이 세계가 공(空)이면서 어떻게 성립되어 있는가를 설명하였다. 그들에 의하면, 우리들의 자아나 외계의 사물은 모두 마음(心, 識)작용의 표상에 지나지 않는 것임에도 불구하고, 우리들은 이들 일체가 마음 밖에 존재한다고 생각하고 있다.

이와 같은 허망분별에 의해 우리들의 마음은 주관과 객관으로 분열되어 있으며, 그 때문에 갖가지 번뇌가 생기는 것이다. 이러한 번뇌를 끊기 위해서는 허망분별을 멸하지 않으면 안 된다.

이를 위해서는 요가의 수행을 깊게 함으로써 객관(所取)이 마음의 표상에 지나지 않는다는 것, 즉 허망하고 공하다는 것을 알고, 따라서 주관(能取)도 공이라는 것을 잘 이해하여 주관과 객관의 분열이 없는 경지에 이르지 않으면 안 된다. 이 경지를 '유식성(唯識性)에 주(住)한다'고 하며, 이 경지를 얻는 지혜를 무분별지(無

分別智)라 한다.

수행자는 이 무분별지를 되풀이해 수행함으로써 아집(我執)에 의한 번뇌장(煩惱障)을 끊어 대열반을 얻고, 법집(法執)에 의한 소지장(所知障)을 끊고 대열반을 얻어 부처가 되는 것이다. 여기에 수행자의 심신은 청정하게 변하고(轉依), 오염된 식(識)은 무루(無漏)의 지(智)로 바뀐다(轉識得智).

이러한 경지를 해탈신(解脫身)이라고도 부른다. 즉 유가행파의 해탈이란, 유식성을 완전히 이해한 무분별지라 부르는 지혜로써 허망분별에 의해 일어나는 번뇌를 완전히 끊은 경지를 말한다.

더구나 이 해탈은 대지(大智)에 의해 번뇌를 끊어 생사에 머물지 않고, 또한 대자비에 의해 열반에 주(住)함이 없이 중생을 이익되게 하기 때문에 무주소열반(無住所涅槃)이라 부른다.

해탈에 이르는 단계는 5개로 나뉘어진다. 자량위(資糧位)와 가행위(加行位)에서 준비적인 수행을 하고, 통달위(通達位)에서 비로소 유식성(唯識性)에 주(住)하여 무분별지를 얻어 수행자는 성자의 대열인 십지(十地) 중의 초지(初地)인 환희지(歡喜地)에 들어간다. 이 단계를 견도(見道)라 한다.

이어 수습위(修習位)에서 반복적으로 무분별지를 수습하여 제십지(第十地)인 구경위(究竟位)에 이르러 번뇌를 끊고 전의(轉依)를 실현하여 부처(佛)가 되는 것이다.

6. 열반사상의 변천

인도의 고대 사상가들은 평안·안락·행복·피안 등을 이상세계로 들고, 그곳에 도달하는 것을 해탈이라 하였다. 이것은 불교에서도 마찬가지이며, 이상의 경지를 열반이라 하였다.

열반(涅槃)은 산스크리트로는 니르바나(nirvāṇa), 팔리 어로는 닛바나(nibbāna)로 표기되며, 후자의 음을 따 읽은 것이라 추정된다. 혹은 '니원(泥洹)'이라고도 한다. 원래의 뜻은 '불어 끈다'이지만, 불교에서는 '활활 타오르는 번뇌의 불꽃을 불어 꺼서 얻은 평안하고 적정(寂靜)한 경지'를 말하는 것으로서, 불교의 최종목표로 삼고 있다.

석가모니의 경우에서 말하면 깨달음을 얻은 것, 다시 말하면 성도(成道)가 곧 열반으로서 석가모니의 죽음을 의미하는 것은 아니다. 그러나 후대로 내려오면서 열반이라고 하면 일반적으로 석가모니의 죽음을 의미하게 되고, 특히 석가모니의 대반열반(大般涅槃 ; 수승한 완전한 열반)이나 반열반이라고 하면 당연히 석가모니의 죽음을 가리키게 되었다.

불교 행사 가운데 '성도회' 외에 석가모니의 입멸을 추모하여 2월 15일에 행사하는 '열반회'가 있다는 것은 이것을 잘 말해 주고 있다.

그러나 열반이라고 하는 말은 앞에서 본 바와 같이 원래는 '깨달음'을 의미하는 것으로서, 초기의 불교자료인 『숫타니파타』나 『담마파다』에는 이 열반을 '애집(愛執)의 차단' '집착의 멸' '무소유' 등이라 설하고, 이것에 도달한 열반은 '불사(不死)' '적정(寂靜)' '불멸(不滅)'이고, '허망하지 않은 진리'라고 설했다.

또한 산문(散文)으로 된 초기경전에는, 예를 들면 "열반을 상념(想念)·사유(思惟)한다."와 동시에 "열반을 사유하지 않고, 열반을 자기의 것이라 사유하지 않는다."고 설하여, 열반 그 자체가 다시 집착의 대상이 되어서는 안 된다고 하는 이중부정을 열거하여, 일종의 초월을 나타내고 있다.

이와 같이 생사의 세계를 초월한 참다운 세계인 열반이 달성됨으로써 해탈·깨달음·보리를 획득할 수 있는 것이다. 그러므로 불교의 특징을 나타내는 법인(法印)의 하나로서 '제행무상' '제법무아' '일체개고'와 함께 '열반적정'을 꼽는 것이다.

'니르바나'라는 말은 불교와 거의 같은 시기에 성립·발전한 자이나교에서도 역시 궁극적 이상으로 들고 있으며, 그것이 불교에 도입되었다고 보는 설도 있지만, 그 의미는 다르다.

아비달마불교의 열반관

열반에 대한 해석은 불교의 전개와 발달에 따라 그 해석이 다르다. 아비달마불교에서는 열반이란 일체의 번뇌를 완전히 멸한 상태를 의미한다고 생각하여, '유여의(有餘依)열반'과 '무여의(無餘依)열반'의 2가지로 나누어 설명하였다. 전자는 번뇌는 끊었지만 어리석음의 근원인 육체를 남기고 있는 열반을 말하고, 후자는 육체도 무(無)로 돌아가 모든 속박에서 벗어난 절대평안한 경지를 말한다.

후대에 석가모니의 죽음을 열반이라 하게 된 것은 이 유여의열반과 무여의열반 사상의 경향이라고 보는 사람도 있다. 가령 이 세상에서 깨달음에 도달한다 하더라도 육체가 남아 있는 동안은 육체를 소유하고 있기 때문에 여러 가지 속박을 받게 된다. 그러므로 그 동안은 아직 완전한 깨달음을 얻은 것이 아니며, 깨달은 자가 육체를 완전히 버렸을 때만이 완전한 깨달음에 이를 수 있다고 생각한 것이다. 여기서 '여(餘)' 혹은 '여의(餘依)'는 육체가 남아 있는 것을 의미한다.

따라서 열반이라고 하는 안락한 세계를 얻은 석가모니도 육신을 가지고 있는 한에서는 늙고 병들고 하는 고통을 면할 수 없다고 하는 점에서 완전한 열반(반열반)은 달성되지 않았다고 생각하여, 입멸 이전을 '유여의열반'이라 하고, 멸후에 얻어진 것을 '무여의 열반'이라 부르게 된 것이다.

이러한 사고방식은 원래 현실중심적이었던 석가모니의 가르침을 잘못된 미래주의로 이끌어 가는 것이라는 비난을 받기도 하였다. 석가모니의 가르침은 어디까지나 '현법(現法)열반'을 목적으로 한다. 그것은 이 세상의 어리석은 삶을 초월하는 것을 가르치는 것이었다. 그러므로 석가모니에게는 사후세계의 유무 등은 문제가 되지 않았다. 이것은 이미 앞에서 설명했던 바와 같이 사후세계의 문제에 대해서는 '침묵(無記)'으로 일관하고 있는 것에서도 알 수 있다.

그러면 왜 완전한 깨달음을 사후의 세계에 기대한다고 하는 무여의열반 사상이 제기되었을까? 이것에 대해 현대의 학자들 가운데는, 석가모니 입멸 후 현법열반의 증명이 용이하게 이루어지지 못했기 때문에 자연히 열반의 이상을 점점 미래로 가져가게 되었으며, 그 결과 '자신은 깨달은 자'라고 하는 과잉된 자신감이 단지 교만한 마음이어서는 안 된다고 생각한 불교도의 겸허한 태도에서 나온 것이라고 보는 견해도 있다.

대승불교의 열반관

이상과 같은 전통적이고 보수적인 사고방식에 대해 '깨달은 자의 인간성'을 주장하는 진보적인 사상이 나타났다. 특히 용수는 열반을 존재 본연의 자세로서 실체적으로 생각하는 설일체유부의 고정된 사상을 깨뜨리고, 세속의 어리석음으로부터 격절(隔絶)된 곳에 위치한 열반의 경지를 그의 독자적인 연기·무자성·공의 사상에 근거하여 재해석하였다. 그리고 생사 즉 열반의 본연의 자세를 새롭게 나타내어 열반이라고 하는 궁극적 목표를 일상 세속에서 실천과의 관련 위에서 수립하였다. 용수의 이러한 사상은 대승불교 열반관의 기본이 되었고, 광범위한 보살행을 유지하는 기반이 되었다.

즉, 대승불교에서는 중생을 구제하는 불(佛)의 자비를 강조하여 열반에 보다 적극적인 의미를 부여하여 설명하였다. 그리하여 열반의 세계, 즉 피안(彼岸)을 다른 별천지에서 찾는 것이 아니라 마음의 전환에 의해 생사윤회의 세계 그대로가 곧 열반이 된다고 생각했다(生死卽涅槃 煩惱卽菩提).

이러한 사상을 명확히 설한 대표적인 경전이 『열반경』이다. 이 경에서는 열반을 상(常)·낙(樂)·아(我)·정(淨)의 4종류의 덕(德)을 갖춘 경지라 주장하고, 이것을 '무위(無爲)열반'이라 하여 최고의 경지로 간주하였다. 반면, 이 4종류의 덕을 갖추지 않은 소승의 열반을 '유위(有爲)열반'이라 하여 낮게 보았다.

여기서 '상'이란 열반은 영원하다는 것, '낙'이란 안락으로 가득 차 있는 것, '아'란 절대적인 경지, '정'은 청정한 경지라는 것을 말한다. 그리고 이 4종류의 덕을 갖춘 열반은 참다운 의미의 열반이라 하여 '대열반'이라 부르고, 소승의 열반과 구별하지 않으면 안 된다고 하였다.

『열반경』에서 설하는 열반관은 모든 것이 무(無)로 돌아가는 것이라고 생각하는 아비달마불교의 열반관과는 달리 열반 가운데서 어떤 확실한 것을 찾아내었다. 그것은 불성(佛性)이고, 진리 그 자체였다. 『열반경』의 중심사상인 '여래는 상주(常住)하고' '일체의 모든 중생에게는 불성이 있다'고 하는 사고방식을 고려해 보면, 거기에 설해진 열반의 내용을 보다 확실히 알 수 있다.

부처님의 출현이 중생을 교화하기 위한 것이라면, 부처님이 입멸하여 무여열반에 들어서면 그 목적을 달성할 수 없다. 부처님이 상주함으로써 비로소 영원한 교화가 실현되는 것이다.

또한 부처님의 교화를 받는 중생도 받아들일 수 있는 소질이나 능력(＝불성)을 영원히 또한 보편적으로 갖추고 있어야만이 교화를 받을 수 있는 것이다. 이리하여 중생이 열반에 든다고 하는 것은 불성을 완전히 개발하여 진리를 득지(得知)하는 것이 된다.

열반은 멸무(滅無)라고 하는 소극적인 상태를 의미하지 않고, 영원한 것을 얻는다고 하는 형태로서 역으로 적극적인 경향을 띠게 되었다. 더구나 『열반경』에서는 여래는 결코 열반에 들지 않는다고 한다. 깨달음의 지혜를 완성시킨다고 하는 의미에서 입열반(入涅槃)이라 해도 좋지만, 부처님은 중생의 구제를 스스로의 과제로 삼고 있기 때문에 생사윤회의 세계에 머물며 활동을 계속해야 하므로 열반의 경지에 머물러 있을 수가 없는 것이다.

『열반경』의 열반관은 대승불교 열반관의 근저를 이루고 있다. 예를 들면 유식설에서는, 위의 '유여의열반'과 '무여의열반'에 '본래자성청정열반'과 '무주처(無住處)열반'을 더하여 4종류의 열반을 들고 있다.

여기서 '본래자성청정열반'이란 만물의 근본인 진여(眞如) 그 자체를 말하는 것으로서, '본래청정열반' 혹은 '성정(性淨)열반'이라고도 한다. '무주처열반'이란 지혜에 의해 번뇌장(煩惱障)과 소지장(所知障)을 끊고 생사가 곧 열반이라는 것을 깨달아, 생사(어리석은 이 세계)에 머무르지 않으면서, 또한 대자비로써 중생을 구제하기 위해 어리석은 이 세상에서 활동하기 때문에 열반의 경지에도 머무르지 않는 것을 말한다. 이 무주처열반은 불·보살의 중생구제를 위한 자비심의 강조에서 나온 것으로서, 대승불교의 열반관의 특징을 잘 나타내 주고 있다.

대승불교에는 이외에도 열반에 대해 여러 가지 견해가 설해져 있지만, 모두 이것을 토대로 성립된 것이라 해도 좋을 것이다.

7. 불신론(佛身論)

불교는 불타인 석가모니의 가르침이며, 불타가 되는 것을 목표로 하는 가르침이다. 그러므로 원시불교 이래 불타의 관념에 대해 많은 사람들이 견해를 표명하였다. 이것이 불신론(佛身論)이다.

불타관의 형성과 전개

석가모니는 자신이 입멸한 후에는 법을 의지처로 삼으라고 유언했지만, 제자들은 석가모니의 인격을 통해 법(法)을 신봉했으므로, 석가모니는 재세(在世) 시대부터 초월성을 갖춘 사람으로 보이는 경향이 있었다.

이러한 경향은 그의 입멸 후 더욱 강해져 정신적으로는 여러 가지 특수한 능력을 가지고, 육체적으로는 위인(大人)의 모습인 32상(相)을 갖춘 사람으로 신격화되어 갔으며, 또한 석가모니의 칭호에도 신격화가 적용되어 후에는 소위 '여래십호(如來十號)'라는 이름으로 정리되었다.

여래십호란 ①진리의 체현자(體現者)인 '여래', ②아라한인 '응공(應供)', ③정등각자(正等覺者)인 '정변지(正遍知)', ④지(知)와 행(行)을 겸비한 자인 '명행족(明行足)', ⑤행복을 얻은 사람인 '선서(善逝)', ⑥세간의 일을 잘 아는 사람인 '세간해(世間解)', ⑦최상의 인간인 '무상사(無上士)', ⑧인간을 잘 지도하고 가르치는 사람인 '조어장부(調御丈夫)', ⑨신과 인간의 교사인 '천인사(天人師)', ⑩불(佛)·세존(世尊)을 말한다.

한편, 불타의 존재는 항상 법의 영원성 및 보편성과의 밀접한 관계에서 생각되었으며, 이것에 근거하여 여러 가지 불타관이 발달하였다.

『장아함경』에는 석가모니의 수명은 유한하여 멸하지만, 그가 설한 법은 영원한 것이라 하여 '과거칠불'사상을 설하고 있다. 그것은 법의 영원성을 과거로 거슬러 올라가, 석가모니 이전의 훨씬 먼 옛날부터 ①비바시불(毘婆尸佛), ②시기불(尸棄佛), ③비사부불(毘舍浮佛), ④구류손불(拘留孫佛), ⑤구나함모니불(拘那含车尼佛), ⑥가섭불(迦葉佛)이라고 하는 6명의 부처가 차례로 출현하여 법을 설하였고, 마침내 현재의 석가모니불에 이르렀다고 하는 사상이다.

이러한 과거불은 시대와 함께 점차로 많이 만들어져, 미래에도 여러 부처가 계속적으로 출현할 예정이고, 또한 현재에도 이 사바세계뿐 아니라 타방세계에도 여러 부처가 존재하고 있다고 믿게 되었다.

이 사상은 특히 대승불교 시대에 이르러 명확히 주장되었으며, 그리하여 대승불교에서는 과거·현재·미래는 물론 시방세계의 무수한 국토에서, 무수한 부처가 출현한다고 설하게 되었다.

불타의 본연의 자세에 대한 연구는 아비달마 시대에 여러 각도로 고찰되었으며, 크게 설일체유부와 대중부로 대표되는 2개의 사상 경향이 있었다.

유부는 현실적인 불타관에 입각하여, 석가모니라 하더라도 그 생신(生身)은 과거의 업에 규정되어 이 세상에 태어난 것이기 때문에 유루(有漏)지만, 그가 성취한 십력(十力)·사무외(四無畏) 등의 공덕이나 교설은 무루(無漏)기 때문에 법신(法身)이라 하여 유루의 생신과 구별하였다.

이에 대하여 대중부에서는 이상주의적인 불타관에 입각하여, 모든 불·여래는 모두 출세간이기 때문에 유루가 아니고, 또한 그 색신·위력·수명은 한이 없으며, 일음(一音)으로써 일체법을 설하고, 한 찰나의 마음으로 일체법을 요지(了知)한다고 주장했다.

이 대중부의 이상주의적이고 초인적인 불타관은 대승불교에 받아들여져 불신론은 급속히 발전하여, 대승경전의 성립과 함께 불타는 무량한 수명과 무량한 지혜의 빛을 갖춘 자로 설해졌다.

이신·삼신설

이상과 같은 불타관을 조직화하여 먼저 이신설(二身說)이 설해졌다. 이신(二身)은 일반적으로 법신(法身)과 색신(色身)을 말하지만, 전자에는 법성신(法性身)·법성생신(法性生身), 후자에는 생신(生身)·부모생신(父母生身) 등 여러 가지 호칭이 있다. 또한 이신을 진신(眞身)과 화신(化身)이라 부르기도 한다.

이신 가운데 법신은 영원한 법과 일체인 불타, 혹은 시간적·공간적으로 무한한 초인적인 불타를 가리키고, 후자는 육신을 가지고 이 세상에 태어난, 생사가 있는 유한한 존재로서 출현한 석가모니를 가리킨다.

이신설은 더욱 발달하여 4, 5세기경부터 미륵·무착 등에 의해 창설된 유식학파를 중심으로 삼신설(三身說)이 설해지게 되었다. 삼신에는 여러 가지 호칭이 있지만, 일반적으로는 (1)법신(法身), (2)보신(報身), (3)응신(應身)이라 부르며, 유식학파에서는 (1) 자성신(自性身), (2)수용신(受用身), (3)변화신(變化身)이라 부르고 있다.

(1)법신은 깨달음의 내용인 법 그 자체를 불(佛)의 본질이라 본 것으로서, 예를 들면 『반야경』의 경우는 '반야바라밀'이며, 자성신(自性身)과 거의 같은 의미이다.

(2)보신은 보살이 수행을 쌓아 그 본원(本願)을 성취하여 그 공덕의 과보로써 깨달음을 얻은 불신(佛身)으로서, 예를 들면 아미타불은 법장보살의 보신이다. 또한 이 보신은 불국토나 그 밖의 법의 즐거움을 수용하기 때문에 수용신과 통한다.

수용신은 자수용신(自受用身)과 타수용신(他受用身)으로 나누어지며, 자수용신은 스스로를 위해 법의 즐거움을 수용하는 부처님이며, 타수용신은 초지(初地) 이상의 보살을 위해 몸을 나투어 그들에게 법의 즐거움을 수용하게 하는 부처님이다.

(3)응신은 중생을 교화하기 위해 상대방에 맞게 모습을 변화시키면서 나타나는 불신으로서, 무상(無常)을 면할 수 없으며 입멸도 있다. 예를 들면 생신인 석가모니와 같이 역사적 존재로서 이 세상에 출현한 불타를 말한다. 응신은 변화신(變化身, 化身)과 거의 같다. 응신이나 화신은 다 같이 이신설의 색신에 상당하는데, 특히 초지 이하의 보살, 성문과 연각의 이승(二乘), 범부를 위해

몸을 나타낸다.

  삼신의 중심은 법신 혹은 자성신으로서, 나머지 이신은 법신에 근거하여 성립한다. 경론에 따라 삼신의 호칭은 여러 가지가 있다. 또한 번역말에 의해서도 호칭에 상위함이 있지만, 삼신에 관한 설명도 갖가지여서 반드시 통일되어 있지는 않다.

  법신은 진여·법 그 자체라고 하지만, 동시에 그 진여를 깨닫는 지혜를 달성하고, 무한한 인격을 나타낸 불(佛)로서 설명되는 경우가 많다. 이 점에서 보신 혹은 자수용신과 불리(不離)의 관계에 있다.

  한편 보신이 타수용신으로서의 의미를 가질 경우에는, 응신이라 불러도 지장이 없다. 또한 응신에 있어서 수행이 낮은 것, 특히 인간 이외의 것에 대해 응현한 불을 화신이라 하는 경우도 있다.

밀교의 화신설

  대승불교 불타관의 특색으로서, 불타의 편재성(遍在性)과 응현(應現)사상을 들 수 있다. 전자는 『화엄경』, 후자는 『법화경』에 특히 잘 나타나 있다고 할 수 있다. 이러한 사상이 가장 발달·고양된 것이 밀교이다.

  밀교의 만다라는 대일여래를 중심으로 하여 여러 종류의 불·보살·천(天)·명왕(明王) 등이 운집한 모습을 도형으로 나타낸 것인데, 이것은 이들 일체가 대일여래의 깨달음의 경지로 둘러싸여, 그것에 의해 통일되어 있는 것을 상징하고 있다.

  태장계(胎藏界)만다라에서는, 대일여래를 중심으로 자성법신(自性法身)·수용법신·변화법신·등류법신(等流法身)의 4불이 배치되어 있다. 등류법신이란 불(佛)이 교화의 상대와 동일한 인간이나 혹은 천(天)·동물의 모습으로 나타나는 것을 말한다.

또한 금강계(金剛界)만다라에서는, 대일여래를 중심으로 사방에 아촉불·보생불(寶生佛)·아미타불·불공성취불(不空成就佛)의 4불이 배치되어 있다. 그리고 이들 5불은 유식설의 사지(四智) 및 삼신(三身)과 결합되어 해석되고 있다.

즉 대일여래는 법계체성지(法界體性智)로서 법신, 아촉불은 대원경지(大圓鏡智)로서 자성신, 보생불은 평등성지(平等性智)로서 자수용신, 아미타불은 묘관찰지(妙觀察智)로서 타수용신, 불공성취불은 성소작지(成所作智)로서 변화신을 나타낸다고 한다.

다시 시대가 흐르면, 5불은 각각 그 배우자로서의 명비(明妃 ; 女尊)를 가지게 됨으로써 이것보다 훨씬 더 많은 불·보살이 출현하게 되고, 이와 같은 사상이 극에 달하여 본초불(本初佛)의 신앙이 성립하였다.

본초불은 우주의 근원적인 불(佛)로서, 영원하면서 독존(獨存)하고, 모든 부처나 만물은 이 불에서 생한다고 설하는 것이다. 이 신앙은 11세기경부터 금강승(金剛乘 ; 진언밀교)의 한 분파로서 성립한 시륜승(時輪乘)에서 행하였으며, 현재 네팔과 티벳불교에 퍼져 있다.

8. 수행론

인도의 철학이나 종교에서는 예로부터 인간의 삶을 고통이라 생각하였으며, 그들은 이 고통스러운 생존에서 벗어나 영원한 안락을 얻기를 바랐다. 이에 우파니샤드의 철학자 야쥬냐발캬가 업

(karman)에 의한 윤회전생을 설한 이래로 윤회로부터 해탈을 목표로 하는 수행론은 인도철학 전반의 최대 관심사가 되었다.

불교 외 여러 학파의 수행론

인도철학·종교에서 처음으로 수행론이 명확히 제시된 것은 우파니샤드 시대의 '범아일여(梵我一如)'설이라 할 수 있다. 종전의 베다나 브라흐마나 시대에는 주로 제사(祭祀)가 중시되어, 제사의 선행(善行)에 의해 사후 야마의 왕국에 왕생할 수 있다고 믿었던 것에 지나지 않았다.

그러나 우파니샤드 시대가 되면 브라흐만과 아트만이 하나가 되는 것을 깨닫기 위해 고행(tapas)·보시(dāna)·정행(正行, ārjava)·불살생(ahiṃsā)·실어(實語, satyavacana) 등의 수행항목을 세워 감관(感官)을 제어하고, 욕망을 버리고, 명상(요가)에 의해 정신을 통일하여 범아일여의 진리를 직관할 것을 권하였다.

또한 이것을 달성하기 위한 수행방법으로서 인간의 일생을 '범아일여'에 도달하는 4단계로 설정하여, 범행기(梵行期;학습시기)·가장기(家長期)·임주기(林住期)·유행기(遊行期)의 4주기(四住期)로 나누었다.

한편 자이나교에서는 수행의 단계를, 영혼·비영혼·유입(流入)·속박·제어(制御)·지멸(止滅)·해탈의 7제(諦)로써 설하고 있다. 이것은 신(身)·구(口)·의(意)의 삼업에 의해 미세한 물질이 영혼에 유입되어 부착하고, 그것으로 인해 영혼은 속박되어 지옥·축생·인간·천상의 4가지 세계로 윤회한다고 생각하였다. 그러므로 자이나교도들은 고행에 의해 과거의 업을 멸함과 동시에 새로운 업의 유입을 방지하여 영혼을 정화하면 미세한 물질이 영혼에서 분리되어, 그 결과 완전한 지혜를 얻는다고 하였다.

육파(六派)철학 가운데서 단계적인 수행법이 비교적 확실히 나타나 있는 것은 상캬 파와 요가 파이다.

먼저 상캬 파에서는 우주는 순수정신(puruṣa ; 神我)과 근본물질(prakṛti ; 自性)의 결합에 의해 정신이 물질에 제한을 받기 때문에 고(苦)를 느끼며 윤회한다고 설하고, 정신과 물질이 전혀 다르다는 것을 식별하는 지혜에 의해 해탈이 얻어진다고 한다. 그러므로 상캬파에서는 양자의 분리를 수행의 목표로 삼았다.

같은 우주원리에 입각한 요가파에서는 유명한 8단계의 수행법인 팔실수법(八實修法)에 의해 마음의 통일을 수행함으로써 해탈에 이른다고 한다.

팔실수법이란 ①5계(戒)를 지키는 제계(制戒, yama), ②내외의 청정·만족·고행·학습·최고신에 대해 전념하는 내제(內制, niyama), ③연화좌(蓮華坐)·용사좌(勇士坐) 등의 좌법(坐法, āsana), ④호흡을 조절하는 조식(調息, prāṇāyāma), ⑤감관(感官)을 대상에서 분리하는 제감(制感, pratyāhāra), ⑥마음을 신체의 일부나 외계 하나의 대상과 연결시키는 응념(凝念, dhāraṇā), ⑦응념된 대상이 지속하는 관념이 되는 선정(禪定, dhyāna), ⑧마음이 공(空)하게 되어 선정의 대상만이 빛나는 삼매(三昧, samādhi)의 8단계를 말한다. ①~⑤의 외적 단계를 경과하여 ⑥~⑧의 내적 단계로 올라가면 드디어 마음은 근본물질 속으로 귀입(歸入)하여 윤회는 소멸하고, 육체의 사(死)와 함께 완전한 해탈을 달성하게 된다.

원시·아비달마불교의 수행론

우파니샤드 철학 이래 인도의 사상가들은 형이상학적 본체계(本

體界)에 대해 많은 논란을 해왔다. 그러나 석가모니는 이것에 대해 판단중지의 태도를 취하고, 우리들이 경험적으로 알 수 있는 종교적 진리는, 우리가 살고 괴로워하고 있는 이 현상계에 한정되어 있는 것뿐이라고 생각했다. 그리하여 이 현상계를 '무상・고・무아'인 것이라 설하고, 수행에 의해 고뇌에서 해탈하는 길을 제시했던 것이다.

깨달음을 얻은 석가모니가 처음으로 제자들에게 설한 가르침은 사성제(四聖諦)와 팔정도(八正道)라 전해지고 있으며, 이 사성제와 팔정도는 불교 수행법의 기본이라 할 수 있다.

고(苦)에서 들어가 도(道)로 끝나는 관법인 고・집・멸・도의 사성제와, 정견(正見)에서 시작하여 정정(正定)으로 끝나는 8개의 바른 길인 팔정도는, 마음을 집중・안정시켜 현상계의 있는 그대로의 모습, 즉 인간존재의 5가지 구성요소인 오온(五蘊)이 무상・고・무아라는 것을 깨달으라고 권한 것이다.

수행법에 관해서는 이외에도 사념처(四念處)・사신족(四神足)・사정근(四正勤)・오근(五根)・오력(五力)・칠각지(七覺支) 등이 있으며, 여기에 팔정도(八正道)를 합하여 총칭해서 삼십칠도품(三十七道品)이라 부른다.

이러한 수행법은 결국 생활을 바르게 하고, 마음을 청정하게 안정시켜 진리를 보는 눈을 기르고자 하는 것에 있으므로, 이것을 계(戒)・정(定)・혜(慧)의 삼학(三學)으로 정리하여 이 순서에 따라 수행을 진행시켜 깨달음에 이르게 하는 방법도 제시되어 있다.

계학(戒學)이란 불・법・승의 삼보(三寶)에 귀의하여 올바른 믿음을 일으키고 오계(五戒) 등을 지키면서 계율적인 생활을 하는 것을 말한다. 계율의 실천에 의해 악을 여의기 때문에 마음에 후회나 불안이 없어지며, 따라서 심신의 평안을 얻어 선정에 드는 준비가 갖추어진다.

정학(定學)이란 호흡을 정리하는 수식관(數息觀), 신체의 부정(不淨)을 관하는 부정관(不淨觀), 신(身)을 부정(不淨)·수(受)를 고(苦)·심(心)을 무상·법(法)을 무아라 관하는 사념처관(四念處觀), 자비희사(慈悲喜捨)의 사무량심(四無量心), 공(空)·무상(無相)·무원(無願)의 삼해탈문(三解脫門) 등 여러 가지 준비단계를 거쳐 사선(四禪)을 실습하는 것이다. 이것에 의해 산란한 마음을 통일(止)하고 진리통찰(觀)을 달성하여, 올바른 지혜를 얻을 수 있다.

혜학(慧學)이란 사성제를 관하거나 오온(五蘊)의 하나하나를 무상·고·무아라 관하거나, 혹은 십이연기(十二緣起)를 순(順)·역(逆)으로 관하는 등 여러 가지 실천에 의해 번뇌를 끊고 무루(無漏)의 경지에 드는 것이다.

이 삼학을 순서대로 수행하면 계학을 닦아 욕계(欲界)를 초월하며, 정학을 닦아 색계(色界)를 초월하고, 혜학을 닦아 무색계(無色界)를 초월하여 번뇌가 없는 무루의 경지에 들게 된다.

이러한 수행에 의해 수행자는 번뇌가 조금씩 감해지게 되는데, 번뇌가 끊어져 가는 단계를 4개로 나누어 예류과(預流果)·일래과(一來果)·불환과(不還果)·아라한과(阿羅漢果)로 구분하고 있다. 여기서 과(果)를 향해 수행중에 있는 수행자를 '향(向)'이라 하며, 합쳐서 '사향사과(四向四果)' 혹은 '사쌍팔배(四雙八輩)'라 한다.

예류과란 불교의 흐름에 들어가 다시는 물러나지 않는 경지를 말하는데, 삼결(三結 ; 有身見·戒禁取見·疑)을 끊은 자가 들어

가는 경지이다.

　일래과란 오직 한번만 이 세상으로 되돌아오는 자를 가리키는 것으로서, 삼결을 끊고 탐욕(貪)과 성냄(瞋)과 어리석음(癡)의 삼독(三毒)이 엷어진 경지이다.

　불환과란 죽어서 천상에 태어나 거기서 깨달음을 얻었기 때문에 더 이상 이 세상으로 되돌아오지 않는 자를 말하는 것으로, 오하분결(五下分結 ; 삼결과 탐욕·성냄)을 끊은 경지이다.

　아라한과는 일체의 번뇌를 끊고 수행을 완성한 자로서, 이 세상에서 열반에 드는 경지이다.

　삼학과 사향사과는 남방 상좌부에서 답습되어 심청정도(心淸淨道)가 되었지만, 북방의 설일체유부에서는 이것 대신에 견도(見道)·수도(修道)·무학도(無學道)의 삼도(三道)를 설하고 있다.

　그 과정은 다음과 같다. 신심원리(身心遠離)·희족소욕(喜足少欲)·사성종(四聖種)의 삼정인(三淨因)을 구비한 후, 오정심(五停心)·별상념주(別相念住)·총상념주(總相念住)로 나아가(이상을 三賢이라 한다), 무상·고·공·무아의 공상(共相)에 의한 법념처관(法念處觀)을 닦으면 발화 직전의 불씨처럼 마음이 따뜻하게 된다. 이것을 난위(煖位)라 한다. 여기서 다시 사성제의 16가지 행상(行相)에 의한 관찰을 닦아 정위(頂位)·인위(忍位)·세제일법위(世第一法位)로 나아간다.

　정위란 동요가 있으며, 불안정한 선근(善根) 중에서 최상의 선근을 생하는 경지(位)로서 나아가느냐 퇴보하느냐의 경계에 있다. 인위는 사성제의 이치를 인증(認證)하여 부동의 선근을 얻은 경지로서, 하인(下忍)·중인(中忍)·상인(上忍)으로 나누어, 중인의 경지에서 사성제의 16가지 행상(行相)을 하나씩 없애 간다. 세제일법위는 상인의 경지와 같은 욕계고제(欲界苦諦)의 한 가지 행상을 관(觀)하여 세간, 즉 유루법(有漏法) 중의 최상의 선근을 생하는 경지다.

이리하여 견도위(見道位)에 들어가면 팔인팔지(八忍八智)의 16찰나에 사성제의 16가지 행상을 관찰하여 미리(迷理)의 혹(惑, 번뇌)을 끊고, 성도(聖道)의 과(果)를 얻는다. 이때 미사(迷事)의 혹(修道所斷의 번뇌)을 아직 끊지 못한 자는 예류과에 머물고, 욕계(欲界)의 6품(品)에 대해 끊은 자는 일래과에 머물며, 욕계 미사의 혹을 완전히 끊은 자를 불환과라 하여 욕계로 다시는 되돌아오지 않는다.

'불환과'를 얻은 자에 7종류가 있다. ①중유(中有 ; 영혼)에서 열반에 드는 자(中般), ②색계(色界)에 태어나 얼마 후 열반에 드는 자(生般), ③색계에서 수행하는 자(有行般), ④색계에서 수행을 게을리하여 오랜 후에 열반에 드는 자(無行般), ⑤색계에서 다시 위로 전생(轉生)을 되풀이하는 자(上流), ⑥욕계에서 곧바로 무색계로 향하여 열반에 드는 자(行無色) 및 ⑦욕계의 현신(現身) 그대로 열반에 드는 자(現般)이다.

색계초선(色界初禪)의 미사(迷事) 혹(惑)의 제1품에서 무색계 유정(有頂) 제9품의 혹까지를 끊어 진지(盡智)를 생한 자를 아라한과라 한다. 아라한과를 얻으면 더 이상 배울 것이 없으므로 무학도(無學道)라 하고, 그 이전의 초과(初果)에서 아라한향(阿羅漢向)까지를 수도(修道)라 한다. 이 아라한과에서도 아라한을 퇴법(退法)·사법(思法)·호법(護法)·안주법(安住法)·감달법(堪達法)·부동법(不動法)의 6종류로 나누고 있다.

대승불교의 수행론

이러한 아비달마불교에서의 아라한의 상세한 규정을 무가치하다고 하여 거부한 것이 대승불교로서, 그들은 성문·연각·보살 삼승(三乘)의 구별을 강조하고 보살승의 우위를 설했다.

한편 재가의 불교도들에게는 사불괴정(四不壞淨)이라 하여 불·법·승 삼보에 귀의하고 계율을 지키는 것이 수행덕목으로 되어 있었는데, 이것에 의해서는 천상에 태어나는 것밖에 바랄 수 없었다. 이에 대승불교의 보살이 등장하게 되고, 보살은 서원을 세워, 이들 재가자들을 인도하기 위해 스스로 보시·지계·인욕·정진·선정·지혜의 육바라밀을 수행하는 것이라 했다.

『반야경』을 중심으로 하는 초기 대승경전에는 발보리심·불퇴(不退)의 위(位)·무생법인(無生法忍)·동진(童眞)·관정(灌頂)·일생보처(一生補處) 등 아비달마불교에는 보이지 않는 계위가 설해져 있다.

조직적인 계위로서는 자성행(自性行)·원성행(願性行)·순성행(順性行)·부전성행(不轉性行)의 4행, 초발심보살·신학(新學)보살·불퇴전보살·일생보처보살의 4종류의 보살, 혹은 범부지(凡夫地)·성문지(聲聞地)·벽지불지(辟支佛地)·보살지(菩薩地) 혹은 여래지(如來地)의 4지(5지), 이것을 다시 전개한 공십지(共十地), 즉 범부위(凡夫位)의 ①간혜지(乾慧地)와 ②성지(性地), 성문위(聲聞位)의 ③팔인지(八人地)·④견지(見地)·⑤박지(薄地)·⑥이욕지(離欲地)·⑦이작지(已作地)·⑧벽지불지·⑨보살지·⑩불지(佛地) 등을 들 수 있다.

이 가운데 '공십지' 제1의 간혜지란 선정(禪定)의 물이 없으므로 건조한 채로 작용하지 않는 지혜의 상태를 말한다. 성지란 진공

법성(眞空法性)의 이치에서 해오(解悟)한 경지이며, 팔인지란 제법실상을 관하여 무생법인(無生法忍)을 깨달은 경지로서, 성문도의 견도(見道)에 해당한다.

견지부터 성자(聖者)의 경지에 들어간다. 견지는 무생법인을 얻어 불퇴전이 된 경지로서 성문도의 '예류과'에 상당한다. '박지'는 불퇴전지를 지나 성불로 향하는 도중의 단계로서 삼독(三毒)이 엷어지는 일래과에 상당한다. 이욕지는 5신통을 획득한 경지로서, 불환과에 상당한다.

이작지는 모든 것이 성취됐다고 하는 의미로서 성불이 결정된 단계이며, 성문도에서는 아라한과에 해당하며, 성문의 수행은 여기서 끝난다. 이 이상 구하는 마음이 없기 때문이다.

벽지불지는 독각(獨覺)을 목표로 한 자가 수행을 완성한 경지이며, 보살지는 보살이 육바라밀을 수행하는 경지이다. 이후 불지에 이르러 성불한다.

이와 같은 성문도(聲聞道)에서 전개된 성불도(成佛道)와는 달리, 석가모니가 전생에 행한 보살의 수행에서 전개된 불공십지(不共十地), 즉 ①환희지(歡喜地), ②이구지(離垢地), ③명지(明地), ④염지(焰地), ⑤난승지(難勝地), ⑥현전지(現前地), ⑦원행지(遠行地), ⑧부동지(不動地), ⑨선혜지(善慧地), ⑩법운지(法雲地)가 있다. (이것에는 『대품반야경』의 十地, 『화엄경』의 十住 및 十地의 3종류가 있다) 이것은 앞의 4종류의 보살이 구체화된 것이라 볼 수도 있다.

제1환희지는 대승의 정지(正知)를 얻어 환희하는 경지, 제2이구지는 십선계(十善戒)에 의해 마음의 번뇌를 여읜 경지다. 제3명지는 다라니를 얻어 지혜가 명확하게 된 경지이며, 이 지혜에 의해 번뇌를 태우는 것이 제4염지이다. 그러나 미세한 번뇌는 제압하기 어려우므로 제5난승지가 있고, 또한 수행이 진행되면 연기(緣起)의 지혜가 나타나므로 제6현전지가 있다.

제7원행지는 삼계의 번뇌를 끊고 삼계를 초월한 경지로서, 여기서는 칠지침공(七地浸空)의 난(難)이라 하여 너무 깊이 공(空)에 도달하여 공에서 벗어날 수가 없게 되며, 이에 시방 제불의 권계(勸誡)에 의해 제8지로 나아간다.

제8부동지에 들어가면 이미 성문·연각의 위를 초과하여 저절로 수행이 진전된다. 이것을 무공용(無功用)의 행(行)이라 한다. 부동지란 무분별지가 번뇌에 현혹됨이 없이(不動) 자유로이 작용하는 경지를 말한다.

제9선혜지는 자유자재로 설법교화할 수 있는 경지를 말하고, 최후의 제10법운지는 법신을 완성하고, 허공과 같이 제한 없는 몸이 되어 큰 구름 같은 지혜를 가지는 경지이다.

이상의 십지를 중심으로 『영락경(瓔珞經)』에서는 보살의 계위를 십신(十信)·십주(十住)·십행(十行)·십회향(十廻向)·십지(十地)·등각(等覺)·묘각(妙覺)의 52위로 정리하고 있으며, 이외에도 『인왕경(仁王經)』의 51위, 『화엄경(華嚴經)』의 41위, 『범망경(梵網經)』의 40위, 『수능엄경(首楞嚴經)』의 57위 등이 있지만, 어느것이나 십지를 중심으로 해서 계위를 조직하고 있다.

유식의 대표적 논서인 『성유식론(成唯識論)』에서는, 설일체유부의 수행도와 비슷한 자량위(資糧位)·가행위(加行位)·통달위(通達位)·수습위(修習位)·구경위(究竟位)의 5위를 설하여 그 가운데 십지(十地) 등 41위를 배당시키고 있다.

제1자량위에서는 육바라밀·사섭법(四攝法) 등을 닦는데, 이

위에 십주·십행·십회향의 30가지 경지가 있다고 설한다.

제2가행위에서는 사심사관(四尋伺觀)에 의해 모든 법을 명(名)·의(義)·자성(自性)·차별(差別)의 4종류로 분류하고, 이것을 모두 가유실무(假有實無)라 심사(尋思)한다. 또한 4가지 여실지관(四如實智觀)에 의해 앞의 4분류를 분명히 인증(認證)하여, 분별의 번뇌를 복제(伏除)하고, 유식에 오입(悟入)하는 것이다. 이 위를 수행하는 기간은 일대(一大)아승지겁을 경과한다고 한다.

제3통달위는 무루의 정지(正智)를 생하여 진여에 통달하는 경지로서, 십지 중의 초지에 들어가는 것이기도 하다. 이때 소지장(所知障)과 번뇌장(煩惱障)의 종자를 끊고, 인(人)·법(法) 이공(二空)의 진여를 증견(證見)하기 때문에 견도(見道)라고도 한다.

제4수습위란 십지의 위를 이대(二大)아승지겁에 걸쳐 경과하는 동안에 십바라밀을 닦고, 십중장(十重障)을 끊고, 십진여(十眞如 ; 遍行·最勝·勝流·無攝受·類無別·無染淨·法無差別·不增減·智自在所依·業自在等所依眞如)를 증득한다.

제5구경위란 십지를 지나 사지사열반(四智四涅槃)을 증득한 불과(佛果)의 경지(妙覺位)를 말한다.

제2절 교단의 성립과 발달

1. 교단의 성립

불교교단의 성립은, 보리수 아래서 깨달음을 얻은 석가모니가 예전에 함께 고행하던 5명의 수행자를 찾아가 설법함으로써 최초의 불제자가 된 것을 그 시초로 삼는다.

불교교단은 출가수행자와 재가수행자의 2종류로 되어 있다. 깨달음을 얻기 위해 수행에 전념하고 싶은 사람들은 처자를 버리고 출가하는데, 이렇게 종교적 목적에 전념하는 사람들 가운데 남성 출가자를 '비구(比丘, bhikkhu)'라 하고, 여성출가자를 '비구니(比丘尼, bhikkhuni)'라 한다.

한편 가정을 유지하면서 부처님을 존경하고 비구와 비구니에게 귀의하여 그들의 지도를 받으며 수행하는 재가의 남자신도를 '우바새(優婆塞, upāsaka)'라 하고, 여자신도를 '우바이(優婆夷, upāsika)'라 한다.

'비구'란 '음식을 얻어 먹는 사람', 즉 신자가 나누어 주는 음식에 의해 생활하면서 수행하는 사람을 말하며, '우바새'란 '받들어 섬기는 사람', 즉 비구와 비구니를 받들어 섬기면서 음식이나 의복·의약 등 생활에 필요한 물자를 공급하는 사람을 말한다.

이상의 비구·비구니·우바새·우바이를 통틀어 사중(四衆)이라 한다. 비구·비구니에는 원래 연령 제한이 있어 20세 이상이라야만 입단할 수 있으며, 그 입단 허가 의식(儀式)을 '구족계(具足戒)'라 한다. 20세 이하의 사람이 입단할 경우에는 출가의식으로 십계(十戒)를 받아 먼저 남성은 '사미(沙彌, sāmaṇera)' 즉 남자견습생이 되고, 여성은 '사미니(沙彌尼, sāmaṇeri)' 즉 여자견습생이 된다. 사미니는 18세가 되면 정학녀(正學女, sikkhamānā, 式叉摩那)가 되어 2년간 육법계(六法戒)를 지켜 20살이 되었을 때 구족계를 받아 비구니가 된다.

이상의 비구·비구니·정학녀·사미·사미니를 '출가의 오중(五衆)'이라 하고, 여기에 우바새·우바이를 더하여 '칠중(七衆)'이라 한다.

비구교단과 비구니교단은 엄연히 구별되어 있어 각각 독립적인 자치조직이지만, 그 주체는 비구교단이다.

불교교단, 즉 승가(僧伽)란 산스크리트 '상가(saṃgha)'의 음을 따 읽은 것으로서, 화합의 실현을 이상으로 하는 집단을 말한다. 원시불교 시대에는 이 출가집단은 ①법(法)을 이해하고 체득하기 위한 전문집단으로서, ②민중을 교화하고 법을 전하는 것을 임무로 삼으며, ③후계자를 양성하여 올바른 법을 영원히 존속시키는 것을 목적으로 삼은 이상적인 단체로서, 세간적인 국법의 간섭을 받지 않는 치외법권적인 독자적 존재였다.

그러므로 비구로서 교단에 입단하는 자는 ①양친의 승낙을 받아야만 했고, ②남에게 금전적인 부채가 없어야 하며, ③왕에게 소속된 군사가 아니어야 하고, ④남에게 속하는 노예가 아닌 자유인이어야 한다는 조건이 설정되어 있었으므로 이것에 저촉되지 않는 한에서는 신분에 관계없이 출가하여 계를 받을 수 있었다고 한다.

2. 계율의 준수와 벌칙

석가모니와 그 출가제자들은 완전히 무일물(無一物)로서, 누더기를 입고 식사는 매일 아침 각자가 탁발하여(재가신자에게 얻어먹는 것) 해결하였으며, 1일 1식으로 정오가 지나면 식사는 금지되었는데, 탁발이나 식사 등에 관해서는 자세한 규칙이 있었다. 또한 금전을 소지하거나 물품을 매매하거나 세속의 직업이나 오락 등에 관계하거나 그 밖의 모든 세간적 운영에 관여하는 것도 일체 금지되었다.

이와 같이 출가교단에는 엄중한 계율규칙이 있었다. 불교의 규율에는 크게 나누어 계(戒, śila)와 율(律, vinaya)이 있다.

'계'란 규율을 지키려고 하는 자연적인 마음의 작용, 소위 불교의 도덕을 총칭하는 것으로서, 소극적으로는 죄를 방지하고 악을 저지하는 힘이고, 적극적으로는 선을 발생시키고 유지하는 근원이 된다.

이에 대해 '율'이란 남에게서 강요되는 타율적인 규범이므로 이것을 어기면 벌칙이 주어진다. 왜냐하면 출가자의 경우는 단체생활을 하고 있기 때문에 단체생활의 규칙은 타인에게 폐를 끼치지 않도록 정해져 있으므로 강제로 지키게 하지 않으면 안 되며, 그것을 지키지 않을 때는 벌을 가할 필요가 있기 때문이다.

그러므로 재가신자에게는 '계'만 주어지고 '율'은 없으며, 따라서 재가신자가 '계'를 어겼다고 해서 벌을 주는 일은 없는 것이다. 간단히 말하면, 출가자의 단체생활 규칙에 해당하는 것이 '율'이며, 이 율을 집성한 것이 삼장 가운데 율장(律藏)이다.

출가자의 계율은 율장(律藏)에 따라 다소의 차이는 있지만(예를 들면 중국이나 한국에서는 비구 250계, 비구니 348계이고, 남방 불교에서는 비구 227계, 비구니 311계다), 여기에는 각각 죄를 범했을 때의 벌칙규정이 명시되어 있다. 이것은 죄의 경중에 따라 다음의 8가지로 분류된다.

(1) 바라이(波羅夷, pārājika)는 가장 무거운 죄로서, 살생(殺)·도둑질(盜)·성행위(姪)·거짓말(妄,특히 깨닫지 못했는데 깨달았다고 하는 등의 거짓말)의 4가지 계를 범한 경우에는 교단에서 추방된다. 세간의 형사죄에 해당한다.

(2) 승잔(僧殘, saṅghādisesa)은 바라이 다음으로 무거운 죄로서, 이것을 범하면 일정기간 권리를 박탈당하고 다른 곳에서 근신해야 한다. 그러나 참회함으로써 교단에 남기 때문에 '승잔'이라 한다. 세간의 징역·금고형에 해당한다.

(3) 부정(不定, aniyata)은 비구에게만 해당되는 남녀간의 용의미결죄(容疑未決罪)로서, 실상을 조사하지 않으면 죄가 결정되지 않는 것이다. 예를 들면 비구가 여성과 함께 있었을 경우, 단지 동석했을 뿐이면 '단타(單墮)', 손을 잡았으면 '승잔', 그 이상이면 '바라이'이다.

(4) 사타(捨墮, nissaggiya pācittiya)는 소유가 금지된 물품을 소유한 죄로서, 그 물품을 교단에 버리고 참회하면 용서된다. 세간의 몰수·벌금·과태료 등에 해당한다. '타(墮)'란 참회를 말하는 것으로서, 버리고 참회한다는 것에서 '사타'라 한다.

(5) 단타(單墮, pācittiya, 波逸提)는 가벼운 죄로서, 단지 참회하면 용서되기 때문에 '단타'라 한다. 내용은 거짓말 같은 것으로서, 세간의 견책에 해당한다.

(6) 회과(悔過, pāṭidesanīya)는 먹어서는 안 되는 음식을 먹은 죄

로서, 이것도 참회하면 용서된다.

(7) 중학(衆學, sekhiya)은 교단생활에서 의식에 벗어나는 행동을 한 것으로서, 스스로 반성하면 된다.

(8) 멸쟁(滅諍, adhikaraṇa-samatha, 止靜)은 죄가 아니라 교단에서 논쟁을 해결하는 방법이다.

이상과 같은 계율의 조항을 정리하여 설명한 부분을 '경분별(經分別)'이라 하며, '율장'은 원칙적으로 이 '경분별'과 교단생활에서 지켜야 할 규정을 정리한 '건도부(犍度部)', 그리고 위의 두 부분에 대한 보충설명을 모은 '부수(附隨)'의 3부로 구성되어 있다.

경분별 가운데 비구·비구니가 지켜야 할 규칙을 모은 것을 바라제목차(波羅提木叉, prātimokṣa ; 戒經·戒本)라 하는데, 이 조문집은 비교적 일찍부터 정리되었다. 그러나 후에는 그 규정의 해석을 둘러싸고 여러 부파로 분열하여 각 부파 나름대로 율장을 정비하였다. 상좌부의 팔리율, 한역(漢譯)으로 된 법장부의 사분율(四分律), 설일체유부의 십송율(十誦律), 화지부의 오분율(五分律), 대중부의 마하승기율(摩訶僧祇律), 근본설일체유부율(티벳 역도 있다)의 5종류가 전해지고 있다.

이상에서 본 바와 같이 불교교단에서는 계율을 위반했을 경우, 고백이나 참회·교단추방 등의 벌칙이 주어지지만, 폭력을 포함한 힘의 행사는 일체 없다.

교단생활

'건도부'에 의하면 교단의 생활은 다음과 같다.

먼저 교단에 입단하고자 하는 자는 입단 후의 지도자인 화상(和尙, upajjhāya)을 구한다. 화상은 그를 위해 삼의(三衣, 袈裟)와 발우를 준비하고, 10명으로 구성된 교단의 계단(戒壇)에서 구족계를 받게 한다. 지원자는 원칙적으로 인종이나 계급의 구별이 없지만, 다만 부모의 허가를 받지 않은 자, 빚진 자, 과거에 바라이죄를 지은 자, 추적되고 있는 범죄자 등 20개 이상의 항목에 해당되는 자는 허가를 받지 못한다. 이런 점검을 하는 비구를 교수사(敎授師)라 하고, 그 회의의 의장을 갈마사(羯磨師)라 한다. 따라서 갈마사는 계사(戒師)이다.

입단할 때는 삼귀의(三歸依 ; 三寶에 대한 귀의)와 계율의 준수, 사의(四依)에 의해 생활할 것을 맹세한다. 다만 석가모니 시대에는 입단할 때 삼귀의, 혹은 석가모니의 "잘왔다, 비구여."라는 한 마디로 허가되었다고 한다.

여기서 '사의'란 출가자의 기본 생활법인 식(食)·의(衣)·주(住)·약(藥)의 4가지를 말한다. ①'식'은 탁발(걸식)에 의해 얻은 음식물, ②'의'는 묘지 등에 버려진 천을 이어붙여 만든 분소의(糞掃衣), ③'주'는 나무 아래 앉고 눕는 장소, ④'약'은 진기약(陳棄藥, 腐尿藥)을 원칙으로 한다.

출가자의 생활은 원래 유행(遊行)생활이 기본이기 때문에 소지품도 간소해야 했으므로 삼의(三衣, 袈裟)와 발우, 방석, 물을 거르는 자루(漉水袋)의 6가지가 주된 것이다. 식사는 원칙적으로 탁발에 의해 얻은 것을 정오까지 1번 내지 2번 먹는다. 오후에는 물과 약 이외에는 아무것도 먹어서는 안 된다.

유행(遊行)을 원칙으로 하는 출가자는 일년 중 우기(雨期)의 3개월간은 일정한 장소에 정착하여 수행에 전념하였다. 인도의 우기는 교통이 불편하여 유행에 적당하지 못했을 뿐 아니라, 물 웅덩이의 곤충들을 잘못하여 밟아 죽일 수도 있었기 때문이다. 이것을

'안거(安居)'라 한다.

　안거가 끝나는 날은 '자자(自恣)'의 의식(해산식)을 행하여 안거 기간 중 행위의 부정을 교단 구성원들 앞에서 반성하고, 의료(衣料)를 조달받아 다시 유행에 나선다.

　또한 매월 2회, 특정한 날에 동일 경내에 주재하는 교단의 성원이 집합하여 계본(戒本)을 합송하고, 일상의 행위를 반성했다. 이것을 '포살(布薩)'이라 한다.

　이에 반해 재가신자가 입신(入信)할 때는 비구나 비구니 앞에서 불·법·승 삼보에 귀의하고 신자가 될 것을 고백하면 된다. 여기서 불·법·승 삼보란, 불교의 기본적인 신앙의 대상으로서, 불교의 교주인 부처님(佛)과 부처님이 설한 가르침(法)과 그 가르침을 배우고 실천하는 부처님의 제자(僧)를 말한다.

　더구나 열심인 신자는 비구나 비구니로부터 오계(五戒), 즉 ①살아 있는 생물을 죽이지 않는 '불살생계(不殺生戒)', ②거짓말을 하지 않는 '불망어계(不妄語戒)', ③훔치지 않는 '불투도계(不偸盜戒)', ④음란한 행위를 하지 않는 '불사음계(不邪婬戒)', ⑤술을 마시지 않는 '불음주계(不飮酒戒)'를 받아 일상생활 속에서 이것을 지키며 수행한다.

　또한 매달 4회 혹은 6회의 재일(齋日)에는 하룻동안 출가생활을 하면서 비구로부터 팔재계(八齋戒)를 받아 지키며 설법을 듣고 좌선·수행을 한다. 여기서 '팔재계'란 '오계'에 ⑥높고 넓은 침대에서 잠을 자지 않는 것, ⑦화장을 하지 않고 장신구를 사용하지 않으며, 가무를 보지도 듣지도 않는 것, ⑧정오 이후에는 식사하지 않는 것을 더한 것이다.

　승가의 질서는 출가한 햇수, 즉 법랍(法臘)에 의하며, 법랍이 높은 사람을 존경하고 예의를 지키며, 이 질서에 의해 단체생활을 한다. 승가에는 이 상하의 질서 외에는 모두 평등하며, 여기에는 어떠한 세속의 계급이나 권력도 개입할 수 없는 것이다.

3. 대승불교의 계율

위에서 본 출가 위주의 아비달마불교 교단과는 달리 재가주의의 입장에 선 대승불교의 교단에서는 재가신자들이 지켜야 할 보살계, 즉 대승계(大乘戒)를 제정하였다. 대승계로서는 '십선계'와 '삼취정계'를 들 수 있다.

먼저 십선계(十善戒)는 주로 반야경전에 설해지는 보살계로서 십선업도(十善業道)라고도 한다. 이것은 선(善)한 과보를 초래하는 인간의 중요한 행위를 육체적인 면에서 3종류, 언어표현에 관한 것 4종류, 마음의 동기에 관한 것 3종류, 모두 10종류로 분류하여 일상생활의 덕목으로 삼은 것이다.

10가지란 ①살생하지 않는 것(不殺生), ②도둑질하지 않는 것(不偸盗), ③간음하지 않는 것(不邪婬), ④거짓말하지 않는 것(不妄語), ⑤이간질하지 않는 것(離兩舌語), ⑥욕하지 않는 것(離麁惡語), ⑦쓸데없는 말을 하지 않는 것(離綺語), ⑧탐내지 않는 것(無貪), ⑨성내지 않는 것(無瞋), ⑩사견에 빠지지 않는 것(正見)을 말한다.

이 10가지는 이미 원시불교 시대에 만들어져 있었지만 율장이 정비되는 과정에서 계(戒)로서의 성격을 잃고 경시되어 왔던 것이다. 그러나 형식논리에 근거한 소승계가 번잡하기만 하여 현실에 대한 대응력을 잃어버리게 되었기 때문에, 초기 대승불교에서는 마음이라고 하는 동기의 측면을 포함하여 자발적인 결의(決意)로써 계(戒)의 원점에 기초하여 십선도(十善道)를 부활시켰던 것이다. 이것은 스스로 지키고, 또한 남을 지켜 준다고 하는 점에서 대승계로서의 특징이 있다.

다음 삼취정계(三聚淨戒)는, 세친의 『십지경론』에서 십선업도(十善業道)를 행위 그 자체·의의·이타행에 대한 부연(敷衍)의 3가지 측면에서 고찰한 것이 그 선구사상이다. 십선업도도 그 행하는 방법에 따라 소승에 떨어질 가능성이 있기 때문에 대승의 입장에서 이것을 재해석한 것이다.

이 사상은 『화엄경』, 『해심밀경』 등에도 보이며, 대승계관(大乘戒觀)의 중심개념이 되었다. 그중에서도 중요한 것은 『보살지지경(菩薩地持經)』(『유가사지론』의 「보살지」와 같음)과 『영락경(瓔珞經)』의 삼취정계 사상이다.

『보살지지경』의 삼취정계는 제1율의계(律儀戒)에서 소승별 해탈율의(解脫律儀)를 설명하고 그 위에 섭선법계(攝善法戒)·요익유정계(饒益有情戒)를 첨가함으로써 보살계의 통불교적 위치를 확립하고 있다. 이에 대해 『영락경』의 삼취정계는 소승의 구족계를 포함하지 않은, 완전히 대승적 입장에서 율의계에 십바라이(十波羅夷)를 설하고 있다.

십바라이는 ①살생하지 않는 것(不殺生), ②도둑질하지 않는 것(不偸盜), ③간음하지 않는 것(不邪婬), ④거짓말하지 않는 것(不妄語), ⑤죄과를 말하지 않는 것(不說罪過), ⑥술을 팔지 않는 것(不酤酒), ⑦자신을 칭찬하거나 남을 해치지 않는 것(不自讚毀他), ⑧인색하지 않는 것(不慳), ⑨성내지 않는 것(不瞋), ⑩삼보를 비방하지 않는 것(不謗三寶)을 말하는데, 이것은 『범망경(梵網經)』의 십중바라제목차(十重波羅提木叉)와 같다.

『범망경』은 십중바라제목차, 소위 십중금계(十重禁戒)와 사십팔경계(四十八輕戒)의 학처(學處)를 밝히는 보살계경(菩薩戒經)으로서 『영락경』과 밀접한 관계에 있으며, 다 같이 『화엄경』의 사상을 계승한 것이다. 현재 중국에서 찬술된 위경(僞經)으로 간주되고 있다.

이상과 같이 대승보살계 사상은 삼취정계 사상으로 집약되지만, 유가론 계통의 소승계를 포함하는 입장과 『범망경』 계통의 순 대승적 입장으로 크게 구분되며, 다 같이 중국이나 한국·일본에 큰 영향을 미쳤다.

참고문헌

宮本正尊 編,『大乘佛敎の成立史的研究』三省堂, 1954
水野弘元,『原始佛敎』(サ-ラ叢書 4) 平樂寺書店, 1956
宮本正尊・花山信勝・結城令聞・中村 元 編輯,『講座佛敎』(『佛敎の思想 1』,『佛敎 の思想 2』,『インドの佛敎 3』) 大藏出版, 1967
山口盆,『佛敎思想入門』理想社, 1968
中村 元,『インド思想史』第2版 巖波書店, 1968
平川彰,『初期大乘佛敎の硏究』春秋社, 1968
渡邊照宏,『佛敎』巖波新書, 1974
靜谷正雄,『初期大乘經典の成立過程』百華苑, 1974
西義雄,『阿毘達磨佛敎の硏究』國書刊行會, 1975
勝又俊敎・古田紹欽 編,『大乘佛典入門』大藏出版, 1980
武內紹晃,『佛陀觀の變遷』(『講座・大乘佛敎 1』) 春秋社, 1981
早島鏡正・高崎直道・原實・前田惠學,『インド思想史』東京大學出版會, 1982
平川彰・梶山雄一・高崎直道 編,『講座大乘佛敎』全10卷(1『大乘佛敎とは何か』, 2『般若思想』, 3『華嚴思想』, 4『法華思想』, 5『淨土思想』, 6『如來藏思想』, 7『中觀思想』, 8『唯識思想』, 9『認識論と論理學』, 10『大乘佛敎とその周邊』) 春秋社, 1982~1985

高崎直道,『佛教入門』東京大學出版會, 1983

前田惠學 編,『現代スリランカの上座佛教』山喜書房佛書林, 1986

山口瑞鳳,『チベット』全2卷 東京大學出版會, 1987, 1988

教養教材編纂委員會 編,『佛教學槪論』東國大學校出版部, 1988

三枝充悳,『佛教入門』巖波新書 103, 1990

Dasgupta S., *A History of Indian Philosophy*, 5 vols. Cambridge : Cambridge University Press, 1922~1955

Pande G. C., *Studies in the Origins of Buddhism*, Allahabad, 1957

Takasaki J., *A Study of the Ratnagotravibhāga*(Uttaratantra) 〔Serie Oriental Rome. xxxiii〕 Rome : Istituto Italiano per il Medio ed Estremo Oriente, 1966

多屋賴俊・橫超慧日・舟橋一哉 編,『佛敎學辭典』法藏館, 1955

水野弘元 監修,『新・佛典解題事典』春秋社, 1966

中村 元 監修,『佛敎語大辭典』全3卷 東京書籍, 1975

長尾雅人,『中觀と唯識』巖波書店, 1978

宇井伯壽 監修,『コンサイス佛敎辭典』大東出版社, 1980

早島鏡正・高崎直道,『佛敎・インド思想辭典』春秋社, 1987

綜合佛敎大辭典編集委員會,『綜合佛敎大辭典』法藏館, 1987

古田紹欽・金岡秀友・鎌田茂雄・藤井正雄 監修,『佛敎大事典』小學館, 1988

찾아보기

〈ㄱ〉

갈마사(羯磨師) 233
갠지스 강 32, 49
견혜(堅慧) 160
결집(結集, saṃgīti) 58
경장(經藏) 60, 63
계(戒, śīla) 230
고(苦) 91, 97
고행(苦行) 42, 184, 218
공(空) 125, 137, 176
공성(空性) 141, 143, 175
과거칠불사상 213
교단(敎團) 105
교상판석(敎相判釋) 129
구분교(九分敎) 72
『구사론(俱舍論)』 110, 147
구족계(具足戒) 229, 233
귀류논증파(歸謬論證派) 126, 142
근본분열 68, 106
금강계만다라 137, 217
『금강정경(金剛頂經)』 127, 136

〈ㄴ〉

나란다 155
남방불교 56, 121
논장(論藏) 64, 108
『능가경(楞伽經)』 125, 162
니르바나(nirvāṇa) 207
『니카야(Nikāya)』 71

〈ㄷ〉

다라니 127, 136
『담마파다(法句經)』 64, 90
대기설법(對機說法) 75
『대비바사론(大毘婆沙論)』 59, 109
『대사(大史)』 56, 109
대서계(大誓戒) 41
대승(大乘, Mahāyāna) 107, 122
대승경전 124, 130
『대승기신론』 125, 162
대승비불설(大乘非佛說) 61, 130

『대승성업론(大乘成業論)』
　147
『대일경(大日經)』 127, 136
대일여래(大日如來) 137, 216
대중부(大衆部) 68, 106
덕혜(德慧) 155
데바닷타(提婆達多) 50
『도사(島史)』 56, 109
듀카(duḥkha) 91

〈ㄹ〉

라자그리하(王舍城) 48
라훌라 48
『리그베다』 27, 183

〈ㅁ〉

마가다 국 48
마누(manu) 31
마야(摩耶) 47
마우리아 왕조 29, 122
마하승기율(摩訶僧祇律) 232
마하카사파(大迦葉) 58
만다라 136, 216

말나식(末那識) 148, 150
『명구론(明句論)』 142
모크샤(mokṣa) 199
무기(無記) 83, 151, 209
무루(無漏) 118, 203, 221
무명(無明) 17, 98, 167
무상(無常) 40, 90
무아(無我) 17, 95, 177
무여의열반(無餘依涅槃) 120, 208
무위법(無爲法) 113
무착(無着) 125, 146, 154
미륵(彌勒) 125, 146
밀교(密敎) 127, 163, 216

〈ㅂ〉

바라나시 49
바라문교 29, 75, 192
바라제목차(波羅提木叉) 232
바이샬리 39, 59, 106
『반야경』 125, 131, 178, 224
범아일여(梵我一如) 33, 218
법(法, dharma) 58, 112, 212
법계연기(法界緣起) 133, 176

찾아보기　241

법성(法性) 170
법칭(法稱) 126, 143
『법화경』 125, 134, 146
보리(菩提) 179
『보성론(寶性論)』 127, 160
보시(dāna) 178, 218
부정논증(否定論證) 138, 174
불호(佛護) 140
브라흐마나 30, 32, 90
비구(比丘, bhikkhu) 228
비구니(比丘尼, bhikkhunī) 228

〈ㅅ〉

사고(四苦) 91
사념처(四念處) 220
사리(舍利, śarīra) 55
사리풋타(舍利弗) 50
사미(沙彌, sāmaṇera) 229
사밧티(舍衛城) 49
사분율(四分律) 232
사불괴정(四不壞淨) 224
사섭법(四攝法) 226
사성계급 32, 89
사성제(四聖諦) 19, 97, 167, 220
사중(四衆) 228
사향사과(四向四果) 221
삼계(三界) 189
삼무성설(三無性說) 153
삼법인(三法印) 70, 96, 200
삼보(三寶) 49, 220
삼성설(三性說) 153
삼세실유(三世實有) 116
삼세양중인과설 117, 170, 198
삼십칠도품(三十七道品) 220
삼학(三學) 120, 220
상좌부(上座部) 68, 106
석가모니 17, 47, 167, 228
선정(禪定) 19, 120, 145
설일체유부(說一切有部) 106, 123, 173
세친(世親) 110, 125, 136, 146
소승(小乘, Hīnayāna) 107
숙명론 75, 185
순관(順觀) 99, 169
숫도다나(淨飯王) 47
『숫타니파타』 64, 90, 167
승가(僧伽, saṃgha) 49, 229
식(識, vijñāna) 114, 151

신의론(神意論) 76, 193
심(心, citta) 114
십난(十難) 80, 86
십사(十事) 59, 106
십송율(十誦律) 232
십이분교(十二分敎) 72
십이연기설(十二緣起說) 99,
　117, 168
십이처(十二處) 102
십지(十地) 133, 206, 226
십팔계(十八界) 102
싯달타(悉達多, Siddhārtha) 47

〈ㅇ〉

아난다(阿難) 50
아라한(阿羅漢, arhat) 120,
　201, 223
아뢰야식(阿賴耶識) 119, 135,
　148, 190
아비달마(阿毘達磨, abhidharma)
　107, 123
아쇼카 왕(阿育王) 59, 70, 106,
　120
『아함경(阿含經)』 63, 71, 88

업(業, Karman) 33, 118, 185
업감연기설(業感緣起說) 118,
　170
여래십호(如來十號) 212
여래장(如來藏) 125, 157
여래장연기 176
역관(逆觀) 99, 169
연기(緣起) 99, 125, 167
열반(涅槃) 20, 207
열반적정(涅槃寂靜) 96, 119
『영락경(瓔珞經)』 226, 236
오온(五蘊) 95, 203, 220
오위 칠십오법(五位七十五法)
　113
오화설(五火說) 33, 184
요가(瑜伽) 137, 154
용수(龍樹, Nāgārjuna) 125, 174
우파니샤드 30, 90, 192, 200
원시불교 15, 19, 68
월칭(月稱) 126, 141
유가행파(瑜伽行派) 125, 183,
　205
유루(有漏) 118, 214
『유마경』 125, 135
유식설(唯識說) 125, 144

찾아보기 243

유심연기(唯心緣起) 133
유여의열반(有餘依涅槃) 120, 208
유위법(有爲法) 113
육경(六境) 102
육근(六根) 102
육대연기(六大緣起) 176
육도(六道) 187
육바라밀 124, 178, 204, 226
육사외도(六師外道) 36, 82
육족발지(六足發智) 109
윤회(輪廻, saṃsāra) 20, 33, 183
율(律, vinaya) 59, 230
율장(律藏) 63, 124, 230
의(意, manas) 114, 151
『이부종륜론(異部宗輪論)』 111
이타(利他) 53, 178
인명(因明) 126, 157
일체개고(一切皆苦) 94, 117

〈ㅈ〉

자립논증파(自立論證派) 126, 128, 142

자이나교 29, 39, 185, 218
『자타카(本生譚)』 53, 64, 120
제바(提婆) 137, 140
제법무아(諸法無我) 95, 118
제행무상(諸行無常) 90, 116
중관파(中觀派) 126, 137, 183
중도(中道) 104, 139
『중론(中論)』 125, 179
지혜(般若, prajña) 204
진나(陳那) 126, 140, 155
쫑카파 143

〈ㅊ〉

청변(淸弁) 126, 140, 142
초전법륜(初轉法輪) 49
칠엽굴(七葉窟) 58

〈ㅋ〉

카니시카 왕 109, 128
카필라바스투 47
코살라 국 49
쿠샨 왕조 112, 128

〈ㅌ〉

태장계만다라 137, 216
티벳대장경 64
티벳불교 128, 143, 217

〈ㅍ〉

판잡(五河) 27, 31
팔고(八苦) 92
팔리 5부 73, 80
팔리어대장경 62
팔상성도(八相成道) 53
팔정도(八正道) 98, 188, 220
푸드갈라(Pudgala) 119, 189

〈ㅎ〉

한역 4아함 73, 80
한역대장경 65
『해심밀경(解深密經)』 125, 135, 145, 236
해탈(解脫) 28, 33, 199
현장(玄奘) 107, 131
호법(護法) 148, 155
『화엄경』 125, 132

지은이 / 장휘옥(章輝玉)

부산대학교 사범대학 화학과를 졸업하고 동국대학교 불교학과 및 동대학원 석사과정을 졸업했다. 일본 동경대학 인도철학과에서 석사과정을 거쳐 박사 학위를 취득하였다. 현재는 동국대학교에서 강의를 하고 있다. 저서로는 『해동고승전연구』(1991)와 『불교학개론 강의실 1』(1992)이 있으며 『대승기신론 이야기』(1991) 『중국불교사 Ⅰ』(1992) 『화엄경이야기』(1992) 『중국불교사 Ⅱ』(1993)를 번역하였다.

불교학 개론 강의실 2 　교리편

지은이・장휘옥
발행인・김병무
발행처・도서출판 장승

초판발행 1994년　3월 15일
8쇄 발행 2004년 10월 27일
영업부 전화(02)730-2500, 725-2800
　　　　팩시(02)723-5961
110-300 서울시 종로구 관훈동 197-28
　　　　백상빌딩 13층
출판등록일 1993. 2. 13. 제2-1493호
ISBN 89-8001-007-9-03220
값 9,000원

※잘못된 책은 바꾸어 드립니다.
　　　ⓒ장휘옥, 1994